ローマ人の物語

20

# 悪名高き皇帝たち

［四］

塩野七生著

新潮文庫

7759

新　潮　文　庫

ローマ人の物語

# 20

# 悪名高き皇帝たち

［四］

塩　野　七　生　著

新　潮　社

# 目　次

〔付記〕

## 一巻目次

# 二巻目次

## 三巻目次

## カバーの銀貨について

多くの分野にわたってなかなかの才能の持主なのに、それらはいずれも個別に発揮され、全体として何か一つの成果に結実していかない人がいる。一昔前にマルチ人間と呼ばれたたぐいだが、言い換えれば、人間としてはいっこうに成長しないタイプでもある。人間は、仕事を一つ一つ成し遂げていくことを通じて成長する生き物なのだから。

というわけでマルチ型に属す人々は、心の奥深くに常に不安を隠しもっている。自分は何もし遂げていない、という不安だ。この不安は、何かを行う場合に度を越すことにつながりやすい。皇帝ネロも、この種の一人ではなかったかと思っている。一私人として見れば、不幸な男だった。

しかし、ローマ帝国に住む人々のほうは、不幸どころか幸福な生活を満喫していたのである。「パクス・ロマーナ」が、確立していく過程にあったからだった。ネロも度を越さなければ、三十歳の若さで自死に追いつめられることもなかったかも、と思っている。

二〇〇五年夏、ローマにて

塩野七生

ローマ人の物語

# 悪名高き皇帝たち

［四］

## ユリウス＝クラウディウス朝系図（一部略）

ゴシック体＝男　明朝体＝女
63＝紀元前　37＝紀元後
○数字は皇帝即位順
……は養父子関係
♧♤はそれぞれ同一人物

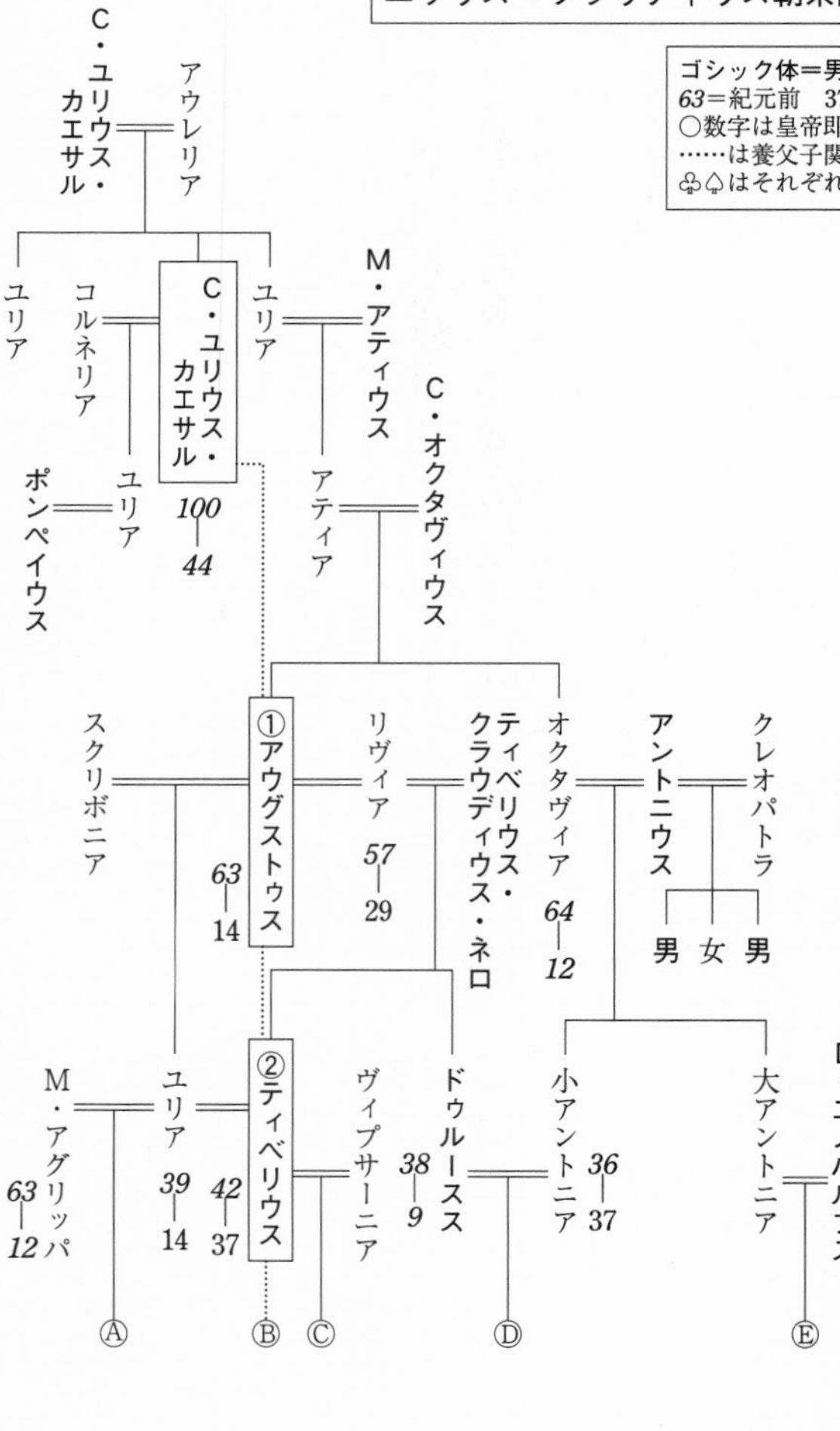

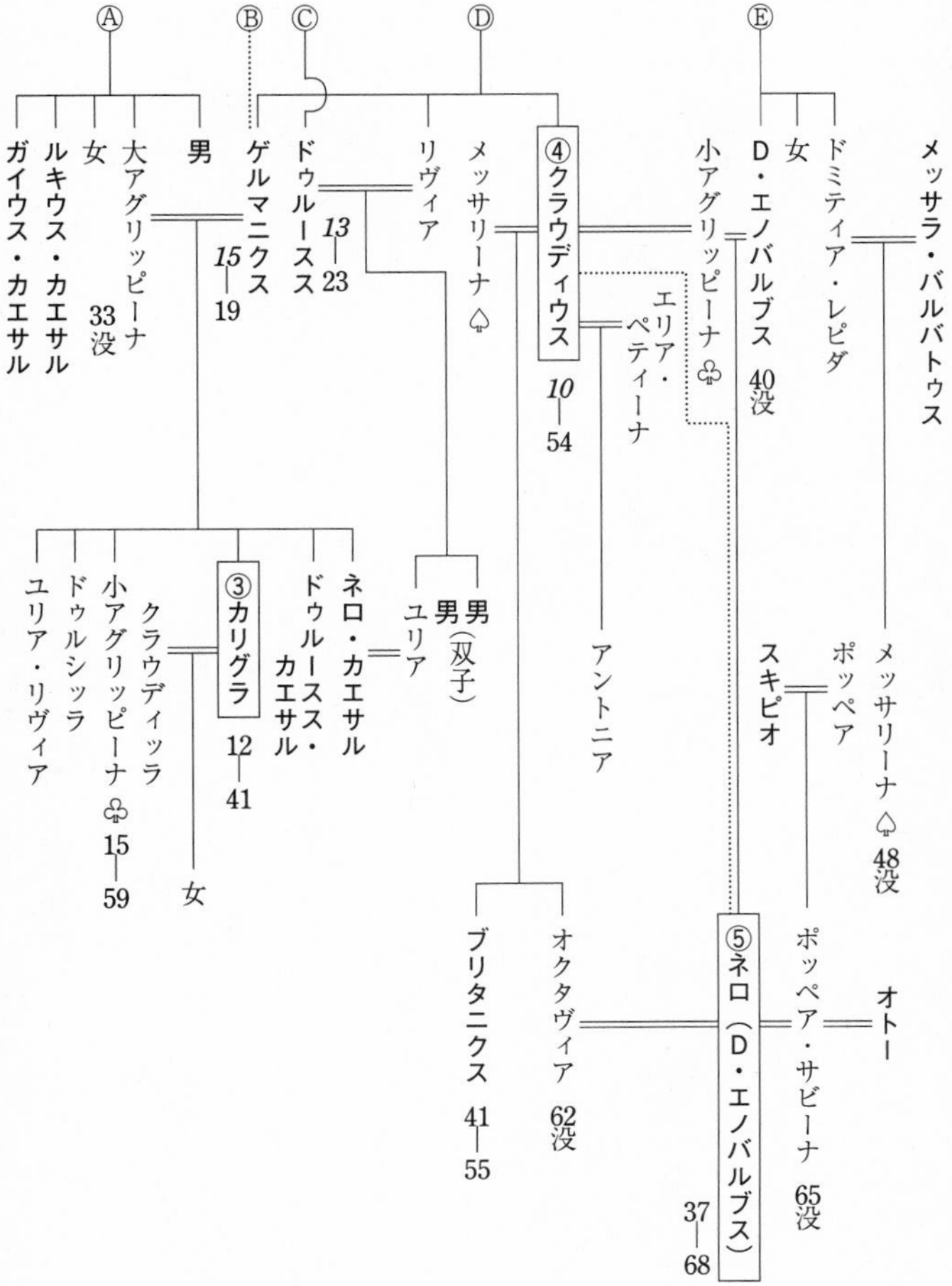
Ⓐ
Ⓑ
Ⓒ
Ⓓ
Ⓔ
ガイウス・カエサル
ルキウス・カエサル
女
大アグリッピーナ 33没
男
ゲルマニクス 15–19
ドゥルースス 13–23
リヴィア
メッサリーナ ♤
④クラウディウス 10–54
エリア・ペティーナ
小アグリッピーナ ♧
D・エノバルブス 40没
女
ドミティア・レピダ
メッサラ・バルバトゥス
ユリア・リヴィア
ドゥルシッラ
小アグリッピーナ ♧ 15–59
クラウディッラ
③カリグラ 12–41
女
ドゥルースス・カエサル
ネロ・カエサル
ユリア
男
男（双子）
アントニア
スキピオ
ポッペア
メッサリーナ ♤ 48没
ブリタニクス 41–55
オクタヴィア 62没
⑤ネロ（D・エノバルブス） 37–68
ポッペア・サビーナ 65没
オトー

# 第四部　皇帝ネロ

Nero Claudius Caesar Drusus Germanicus

（在位、紀元54年10月13日—68年 6 月 9 日）

## ティーンエイジャーの皇帝

皇帝に就任した当時、ネロは、十六歳と十ヵ月でしかなかった。責任ある公職に就くのは三十歳からとされていたローマでは、異例に若い皇帝の出現である。だが、もしも当時のローマにマス・メディアと、そのマス・メディアが活用する武器の一つである世論調査が存在していたとしたら、就任当初のネロの得た支持率は、同じく若き皇帝であったカリグラに優《まさ》るとも劣らない高率であったろう。

だが、それもカリグラ登場時と似て、前皇帝の統治の失策によって平和が脅《おびや》かされ経済が切迫し、どうにかしてくれという人々の不満の反映ではなかった。皇帝の責務の二大重要事は「安全」と「食」の確保であるが、これは二つとも保証されていたのである。

しかし、人間は、問題がなければ不満を感じないというわけではない。枝葉末節なことであろうと問題を探し出しては、それを不満の種にするのは人間性の現実である。

このような人間を相手にしなければならないがゆえに、「政治は高度のフィクションである」（丸山真男）と言われたりするのだと思う。一般市民がネロの皇帝就任を歓迎したのは、ただ単に、気分の一新を望んだからである。元老院の歓迎の理由は、解放奴隷《どれい》で成る秘書官政治の廃止を期待できたからであった。

気分一新は当然だった。六十を越えた不格好な、演説をさせれば故事を引用しては教壇の上から説き聴かせるという感じの歴史家皇帝に代わって、いまだ十代の若さで潑剌《はつらつ》とした、それでいて利発でもあるネロの登場は新鮮そのものであったのだ。

秘書官政治に対する元老院の不満も、理由がないわけではなかった。クラウディウスが気を遣ってこれらの元奴隷たちは「騎士階級」に格上げされてはいたが、元老院階級に対して騎士階級は、ローマ社会ではあくまでも第二階級である。それにローマでは、伝統的に前線勤務が重要視される。ナルキッソスをはじめとする秘書官グループの仕事の場は、それがいかに激務でも皇帝宮殿の内に留まる。

しかし、後世からは官僚制度のはじまりとされるくらいだから、秘書官政治は相当な程度に機能していたのだ。それに、皇帝に課された多方面にわたって解決を迫られる問題の処理は、とうてい一人でこなせるものではない。とはいえ秘書官政治は嫌った元老院は、自分たちの一員による補佐官政治ならば許容したのである。セネカは、父親の代からの元老院階級に属した。そして、若き皇帝を補佐することになった知識人セネカは、この辺の事情を充分に承知していた。

セネカが草稿を書き、ネロが元老院の議場で読みあげた新皇帝の〝施政方針演説〟は、次の諸項目で成り立っていた。

一、アウグストゥスの政治にもどす。

二、元老院のもつ権利を尊重する。

三、司法の施行には、皇帝は関与しない。

四、Domus《ドムス》（私邸）とRes publica《レス・プブリカ》（国家、この場合に適した意訳ならば「官邸」）を分離する。

十六歳と十ヵ月の皇帝は、この四項を銅板に彫らせて保存し、毎年初頭の新執政官就任時に読みあげることも約束した。

同時代のローマ人ならば、また同時代人でなくても帝国が存在していた時代のローマ人ならば、この項目をあげただけでそれらが意味するところを直ちに理解できたのである。しかし、われわれは、ローマ帝国がとうの昔に滅亡した二千年後に生きている。それゆえ、ローマ人には不必要だった解説が必要になるのも当然だ。

それでまず、第一項だが、これを聴いた元老院議員の多くは、ネロが復帰を宣言した「アウグストゥスの政治」とは、政体は共和政だが統治上の総合指揮は、ローマ市民中の「第一人者《プリンチェプス》」に委託するシステム、と受けとっていたのである。現代の研究者でも、ローマ独自の、ということをふくませもせずにただ単に「元首政」として済ませる人が少なくないのだから、当時のローマ人に、外観は共和政でも実体は帝政という、アウグストゥスの創造になる「デリケートなフィクション」を、理解できない人が多かったとしてもしかたない。人間の多くは、カエサルの言ではないけれど、自分が見たいと欲する現実しか見ようとしない、のであるから。というわけで、アウグストゥスの政治への復帰を宣言したネロは、元老院から好感をもって迎えられたのである。

即位当時のネロ

しかし、よく考えてみれば、ティベリウスもカリグラも、またクラウディウスも、第一声はいつも「アウグストゥスにもどる」であったのだ。それなのに、この三人ともに、いやネロもふくめれば四人全員に、元老院は悪評を浴びせつづけるのである。彼らのその後の統治が当初の宣言に反したから、とするなら簡単だ。だが、真の問題はそこにはないように思う。アウグストゥスの政治をやる、と言いながら、その本質であった「デリケートなフィクション」を機能させていくに必要な、冷徹さが充分であったか否《いな》かの問題ではなかろうか。

しかし、この種の冷たさに徹しつづけるのは、普通の人間にとっては耐えがたいものである。十七歳になるやならずでスタートする愛弟子《まなでし》に、セネカは理論武装をしてやる必要を感じたのか、『De Clementia《デ・クレメンティア》』（寛容について）と題した一書を出版した。皇帝にはなぜ寛容の精神が必要かを説いた、六十歳の知識人の善政実現への熱意が伝わってくる名著である。ネロに捧《ささ》げられ、ネロに向って説く形式をとっている。しかも、歴史家タキトゥスと並んで帝政ローマを代表する文章家にふさわしい、品格が高く簡潔で優雅なラテン語の文体。

内容は総じて、皇帝の責務としての寛容の重要さを説いたもので、私の考えでは寛容でありつづけるには絶対の必要条件である冷徹については、一言も触れていない。ただし、一ヵ所、生れはスペインでもセネカは、本国生れのローマ人以上にローマ人だったと感じさせる箇所がある。それは、同情《ミゼリコルディア》と寛容《クレメンティア》のちがいを説いた箇所で、そこではセネカは次のように言っている。

「同情とは、現に眼の前にある結果に対しての精神的対応であって、その結果を産んだ要因にまでは心が向かない。これに反して寛容は、それを産んだ要因にまで心を向けての精神的対応であるところから、知性《サピエンス》とも完璧《かんぺき》に共存できるのである」

何ともスゴい教師に恵まれていたと言うしかないネロだが、教育の成果とは、教える側の資質よりも教わる側の資質に左右されるものである。またこれは、一種の君主論だが、一千四百年後に書かれることになるもう一つの君主論とはちがう。セネカ著の「君主論」は、すでに得ている権力をいかに善用するかを説いた作品だが、マキアヴェッリ著の『君主論』のほうは、どうすれば権力を獲得でき、どうすればそれを維持できるかをクールに分析した作品である。前者は性善説に立ち、後者は性悪説に立つと言い換えてもよい。そして、君主論、つまりリーダー論として、西洋文明三千年の歴史の中で古典として遺《のこ》ったのは、後者のほうであったのが面白い。

とは言っても、セネカによる理論づけもあって、若き皇帝ネロのスローガンは「寛容《クレメンティア》」と決まった。ネロ時代の通貨に最も多く刻まれる言葉が、「Clementia」なのである。

皇帝ネロの施政方針演説の第二項である、元老院のもつ権利を尊重する、だが、これは具体的には、共和政時代から元老院に認められている、「元老院勧告《セナートゥス・コンスルトゥム》」の名で呼ばれていた立法権を尊重するという意味である。言い換えれば、アウグストゥスが定めて以来の皇帝の権利である暫定措置法《デクレートゥム》（現代アメリカの大統領令と似る）の発令をセーブして、元老院を立法の最高府にもどすという意味だ。元老院が大歓迎したのも当然であった。

第三項も具体的には、司法の独立を宣言したと同じことである。ローマの法廷とは、その年担当の法務官《プラエトル》が裁判長を務め、専門の検事を置かないがゆえに、原告かその代理人が検事役を務め、被告も弁護人を頼み、この原告側と被告側との間に証拠と証人を立てての論戦が展開され、陪審員たちが判決を下す、というシステムになっている。

しかし、アウグストゥス以降、裁判への皇帝の関与が当然とされるように変った。それで、第二代皇帝ティベリウスも第四代皇帝クラウディウスも、頻繁に法廷に顔を出したのだ。ただし、彼ら二人は、裁判ならば何にでも顔を出したのではない。列席するよう努めた裁判のほとんどは、属州民が原告になって属州総督や長官を訴えた場合であったことを忘れてはならない。属州勤務の総督や長官の職権乱用による汚職や恐喝行為が、属州民統治には最大の弊害であると考えていたからである。

ティベリウスは、鋭く容赦ない質問を浴びせかけては被告を窮地に追いこみ、クラウディウスは、詳細な証例を並べ立てることで被告を立往生させたのだった。このような皇帝の積極的な関与が、陪審員たちの判決に影響を与えたことは想像も容易だ。

しかし、陪審員とは、資格資産も定められていたこともあって、事実上は元老院階級と騎士階級という、ローマ社会の「上」ないし「中の上」の階級に属す人々で占められていたのである。そして、職権乱用で訴えられた属州総督や長官たちの出身母体も、元老院階級か騎士階級であったのだ。これでは、仲間が仲間を裁くことになる。このやり方のマイナス面は、共和政時代の末期に横行した、属州勤務中に一財産築いた総督が帰任後に属州民から訴えられてもローマの法廷では結局無罪に終る、という現象になってあらわれた。

これを改善しようと考えて、アウグストゥスは、彼好みの言葉を使えば「第一人者《プリンチェプス》」という、ローマ社会の各階級からは超越した存在である人の関与を法律化したのである。そして、ティベリウスもクラウディウスも、忠実にそれを踏襲したのだった。実際、皇帝たちが睨《にら》みを利《き》かせていたこともあって、属州勤務者の職権乱用は、帝政時代に入って以後は激減する。共和政シンパのタキトゥスすらも、見ちがえるほどにクリーンに変った、と書くしかなかったように。だが、法廷に最高権力者がしばしば顔を見せるというやり方は、ティベリウスとクラウディウスに対するローマの特権階級の反撥の理由になったのだった。

皇帝ネロは、司法の施行には「第一人者」は関与しない、と宣言した。ティベリウスやクラウディウスのまねはしないと言ったのである。司法の独立は、誰が考えようと正しい。しかし、当時のローマの実情を考えれば、仲間内《うち》の裁判を野放し状態にもどすことの意味であったのだ。

ネロが施政方針の四番目にあげたドムス（私邸）とレス・プブリカ（官邸）の分離宣言だが、これも明らかに反《アンチ》クラウディウスを狙《ねら》った宣言で、秘書官政治の廃止を表明したにすぎない。第三項とともにこの第四項も、元老院の好感を獲得したのはもちろんである。言葉つきだけは丁重でも、解放奴隷風情《ふぜい》に鼻であしらわれてきた元老院議員にしてみれば、溜飲《りゅういん》を下げる想いであったろう。

だが、秘書官政治はやめて補佐官政治に変わったとしても、帝国統治の事務上の手助けは誰かがしなければならない。結局、廃止というよりも、クラウディウス時代のような公的な存在にはせず、カエサルやアウグストゥスやティベリウス時代のような、非公式の官僚システムとしては残ったのだった。

このように解釈してくるとわかるのは、ネロの即位当初の政策がいかに元老院寄りだったかということである。セネカは、自身でも元老院議員だったが、それよりも何より、知識人で著作者であった。この人には、ローマの元老院《セナートゥス》という存在が、立法機関であるだけでなく、公職要員のプールであるだけでもなく、今日で言う「メディア」でもあることがわかっていたにちがいない。実際、ローマの全史を通じて、著作をものする人のほとんどは元老院議員なのである。また、元老院での討議内容は、ティベリウスの時代からは定期的に、『Acta Senatus《アクタ・セナートゥス》』（元老院議事録）の名で帝国全域に流布《るふ》されるようになっていた。それに、マスでなければメディアとて影響力は振るえないということはない。後世のわれわれのもつローマに関する知識でも、考古学上の業績を除けば、元老院議員でもあった人々の著作に頼るしかないのである。著作者でもあったセネカが、世論の好感を得るのは元老院の好感を獲得することと考えたとしても、それはそれで正しかった。

セネカ

　セネカが考え皇帝ネロの名で提案された、貧困状態にある昔からの名家の元老院議員には毎年五十万セステルティウスの年金を支給するとの法案も、賛成多数で可決された。生活ができないくらいに貧しい人に年金を支給するのではない。元老院議員にふさわしい生活水準を保てない人への年金支給である。新入りの議員でもこの意味での貧困者はどうするのかと思ってしまうが、元老院入りの資格資産は百万セステルティウスである。新参者には、年金を支給されないと元老院議員の格を保つことができないほどの人はいなかったのだろう。そして、これらに示されたネロによる元老院寄りの政策は、彼の死後にさえも人々が認めた、「ネロの五年間の善政」という評価の理由になるのである。元老院イコール「メディア」、であった証拠ではないだろうか。そして、元老院イコール「メディア」であることを知っていたもう一人が、ユリウス・カエサルであったと思う。元老院主導の体制の打倒を期したカエサルは、「元老院メディア」に抗して、打倒の過程を自分でも書いたのだった。『内乱記』と題して。

しかし、アウグストゥスの政治に復帰すると宣言したネロの誠意は認めるとしても、アウグストゥスが創造したローマ型の帝政とは、その実施者には何よりも冷徹さが求められる「デリケートなフィクション」であって、単なる元老院寄りではない。この辺りの複雑さを、知識人セネカは理解していたのであろうか。これに対する評価は後にゆずるにしても、就任早々のネロとその補佐役セネカの統治能力を問われる試金石は、元老院対策の正否にはなく、パルティア問題の解決だった。紀元五四年の秋も深まった頃、パルティア軍、アルメニア領内に侵入、との報がローマにもたらされたのである。

## 強国パルティア

紀元前二一年、といえばネロの即位の年からならば七十四年も昔、アウグストゥスはパルティア王国との間に平和条約を結んだ。ユーフラテス河を互いの国境と定め、相互不可侵を誓い合ったのだ。ユーフラテス河に浮ぶ島で皇帝代理としてそれに調印したのは、二十一歳当時のティベリウスであった。

しかしこれは、平和と友好の維持を約束し合った条約であって、同盟条約ではない。オリエント人の通念は、勝って支配するか、敗れて屈従するかしかなく、同盟の概念はないのである。もしもカエサルが暗殺されずに計画どおりにパルティア進攻を実現していたとしたら、カエサルならばパルティア相手でも勝ったであろうし、勝って同盟条約を結んでいただろう。ローマ人の考える同盟関係とは、まずは勝って、その後で敗れた相手と結ぶ関係なのである。

だが、殺されたカエサルの後を継いだアウグストゥスは、紀元前五三年のクラッスス軍の全滅、紀元前三六年のアントニウス軍の遠征失敗という、ローマ人にとっては苦い想い出を直視しなければならなかった。ローマ軍は、パルティア相手には勝ったことはないという現実だ。アウグストゥス自身も、軍事に訴えての成功に自信はなかった。それで、平和条約締結のほうを選択したのである。これはこれで、現実的な選択ではあった。

ただし、同盟関係ならば、ローマ人が「amicus《アミークス》」（友人）と呼んだことが示すように、味方である。だが、平和条約だけでは、敵ではないが味方でもない。それゆえにローマは、北と西と南からパルティアを囲いこむ形の包囲網を形成して、いつ何どき敵に変るかもしれないパルティアに備えたのである。

このネットワークは、シリア属州やエジプトのようなローマの直轄《ちょっかつ》統治の地方と、アルメニアや少し前のカッパドキアや、アウグストゥス時代のユダヤのような中小の君主国から成り立っていた。後者とはローマは、同盟関係を結んでいる。同盟国は、ローマに属州税を払う義務はないが、ローマが軍事行動を起した場合には、兵力を提供したり兵糧《ひょうろう》や武器の支援をする義務はあった。

しかし、いかなるシステムでも、マイナス面をともなわずにはすまない。ローマによる東方《オリエント》防衛網のアキレス腱《けん》は、パルティアと国境を接しているアルメニア王国だった。この国を味方に引き入れないかぎり、包囲網は機能しえないからである。

だが、このアルメニア相手ならば、共和政末期のルクルスにポンペイウスと、ローマ軍は敗北を知らないで来た。ルクルスに至っては、カスピ海にまで軍を進めている。だからこそアルメニアとの間には、同盟関係《アミークス》が成立しえたのである。同盟関係維持に好都合な、ローマが望む君主を王位に就けることもできたのだった。

しかし、他の同盟君主国よりは地理的に東方に位置するアルメニアは、言語も生活習慣も住民の考え方も、パルティアを盟主とするペルシア文明圏に属す。ペルシア民族が、アルメニアは自分たちのものと考えたとしても無理はなかった。そして、このように考えがちなパルティア人には、ローマに対しては常に勝ってきたという自信もあったのだ。

これが現実では、ローマのアルメニア対策、つまりパルティア対策が、破れればそこを繕《つくろ》うというその場かぎりの対策に終始したとしてもやむをえなかった。帝国の西方でならば行えたような抜本的な解決策は、東方では不可能だったのである。

というわけで、ローマ帝国の歴史では、あいも変らずという感じでアルメニア・パルティア問題の発生がくり返すのである。それでも、その場かぎりの対応策にしては、数十年程度の問題回避には役立ったのだ。それはローマが、単なる話し合いによる問題回避ではなく、軍団を進めながらの外交で対処してきたからであった。

興味深いのは、ローマと同盟関係にあるアルメニア王国への侵略という形で起る「アルメニア・パルティア問題」は、パルティア側が、ローマの皇帝の力が弱まったと判断したときであるという事実だ。前回の問題発生は紀元三四年、カプリ隠遁《いんとん》も長いティベリウスももはや七十五歳、断固とした対応はできないであろうと判断したパルティアは、アルメニアに軍を進めたのだ。だが、ティベリウスは、ある研究者の言を借りれば、「老いてもなおテリブル」であった。パルティア軍のアルメニア侵入を知ったティベリウスは、後にはクラウディウス帝の良き協力者となるルキウス・ヴィテリウスを急派し、ローマのアルメニア堅持の意志を明らかにしたのだった。東方《オリエント》のローマ軍の総司令官として全権を与えられたヴィテリウスは、東方ローマ軍の総力をアルメニアに振り向ける。それだけで充分だった。パルティア王は、アルメニアから手を引くしかなかった。

そして、あのときから二十年が過ぎた紀元五四年、今度もパルティア側は、若年の皇帝ネロでは、しかも即位直後では、断固とした対応は無理と判断したのである。だが、今度もローマでは、テリブルではなかったにしろ、属州出身者でも帝国の安全保障には熱意をもって当る気がまえならば充分な、セネカがいた。ティベリウスほどの果断さではなかったが、「アルメニア・パルティア問題」再発への対処は早かったのである。

## コルブロ起用

東方に急派される総司令官の人選ならば、セネカは正しかった。グネウス・ドミティウス・コルブロは、八年間にわたって低地ゲルマニア軍の司令官を務め、四個軍団に補助兵を合わせれば四万になる軍を統率して、ライン河下流一帯の防衛を成功させてきた武将である。しかも、帝政ローマが充分に機能していた時代の防衛とは、ライン河を前にして坐して敵を待つのではなく、しばしば河を渡ってはゲルマン民族をたたき、ローマの軍事力を印象づけるのが防衛と考えられていた。コルブロの積極戦法が効あったのも、これに理由がある。だが、ときにはその積極戦法に拍車がかかりすぎ、クラウディウス帝からの命令で、ゲルマン人の地深く進攻していたのをライン河まで撤退させられたことがある。

出身地は南仏属州のこの武将は、この他にも同僚たちとはちがう特質をもっていた。

部下の兵士からの人望が高かったことに加えて、敵にも人望があったのである。それも、コルブロが温厚な性格で、誰にでも温かく接したからではない。まったくの反対で、この人の厳格さは有名だった。彼を低地ゲルマニア軍の司令官に登用したクラウディウス帝とちがって、人々から畏敬《いけい》されるところが、味方からも敵からも人望があった理由かもしれない。年齢は明らかでないが、東方に派遣されると決まった紀元五四年末、五十代の半ば頃ではなかったかと思う。この時期の帝国の各辺境を守る司令官たちを見まわしても、大国パルティアと戦端を開くことになるやもしれない東方《オリエント》派遣の最適任者は、コルブロ以外にはいなかった。

セネカの誤りは、このコルブロに全権を与えなかったことなのである。紀元五五年春、ライン河からユーフラテス河までの長い道のりを経て着任したコルブロは、面目を台無しにされた想いで気分を害している、シリア属州総督のクワドラートゥスに迎えられた。

だが、武将間のライヴァル意識は常のことだから、これがローマの東方対策の障害になったのではない。パルティアとは戦端が開かれたわけではないので、コルブロの地位は、対パルティア軍の総司令官ではなく、カッパドキアとガラティアの二属州の総督ということになっていた。東方駐屯のローマ軍内のヒエラルキーでは、四個軍団を指揮下に置くシリア属州総督が第一位にくる。属州化されてはいても軍団も置いていない小アジア東部の二属州の総督では、指揮系統ならばシリア属州総督の下に位置した。それでいて、ローマからクワドラートゥスに届いた指令は、手もちの四個軍団のうちの二個軍団をコルブロに与え、クワドラートゥスは南から、コルブロは西から、アルメニアからのパルティア軍排除に努められたし、であったのだ。セネカの軍事経験の無さからくる無知が、モロにあらわれた指令であった。

指揮系統の統一のないところでは、軍事行動は起こせないのである。それでも起こそうものなら、遅かれ早かれ破綻《はたん》する。コルブロは現地で、情況を観察したのだろう。冷静に観察すれば、弟のティリダテスをアルメニア王位に就けた後のパルティア王が、軍事行動をやめてしまったのに気づいたにちがいない。ほんとうは、パルティア王ヴォロゲセスにはローマと戦いを交える気などまったくなかったのだが、ローマ側はまだそれに気づいていない。とはいえ、早急に軍を進めなければならない情況ではないことはわかったろう。それに、クワドラートゥスから送られてきた二個軍団は、とうていこのままでは戦場に連れていけない状態にあった。

これらの諸々《もろもろ》の事情を考慮した結果、コルブロは、しばらくの間ならば兵士たちをたたき直すのに使えると判断したのである。その間にはローマにいる皇帝が、実際上ではセネカが、指揮系統の統一の必要性に気づいてくれるのを期待したのだった。

ところが、ローマからの戦略の変更はなかなか届かなかった。パルティア軍がユーフラテス河を越えて侵入してきたわけでもないので、切迫感が少なかったこともある。だが、東方放置の真の理由は、この時期のネロもセネカも、別のことに頭を占領されていたからであった。

## 母への反抗

巧みに技《わざ》を駆使して息子ネロを皇位に就けることに成功した当初のアグリッピーナは、得意絶頂の想いであったろう。すべては彼女の考えたとおりに進行し、元老院も一般市民も、幾分かの疑いはあったとしても、皇帝クラウディウスはきのこ料理による中毒で亡《な》くなったという公式発表を、詮索《せんさく》もせずに受け容《い》れたのである。そして、これまた先帝の遺言状の公表も求めずに、先帝の実子ブリタニクスを措《お》いて、養子ネロの皇位継承を承認したのであった。いまだ十代の新皇帝の摂政役として事実上の統治を行うというアグリッピーナの野望は、完璧《かんぺき》に実現したかのようであった。

事実、アグリッピーナは、皇帝の妻であった時期よりも皇帝の母になってからのほうが、自分の存在をより強く主張するようになった。公式の場では常にネロのかたわらの席につき、元老院の会議でさえも、フォロ・ロマーノに近接してある元老院議場ではなく、パラティーノの丘の上にある皇帝宮殿の一部で開くよう変えさせた。アグリッピーナが、隠れてではあっても聴くことができるためであったのはもちろんだ。

ローマ帝国の通貨には、額面価値と素材価値の合致に努めることで帝国という一大経済圏の基軸通貨の役割を果しながら、それには代々の皇帝の横顔を彫ることで、帝国統治の最高責任者の存在を一般にも知らせるという、プロパガンダの役割もあったのである。ただし、皇帝が代われば先帝の顔を彫った通貨はすべて回収され新皇帝の顔のものに代えられるということはなかった。信用ある基軸通貨の維持が目的なのだから、額面価値と素材価値が合致してさえいれば、何代前の皇帝のものであろうと、共和政時代のものでさえも、市場で流通しつづけても不都合ではなかったからだ。これが、後世の紙幣とはちがう点である。このような事情があって、ローマ帝国では、ローマ史を飾った多くの人々の顔を彫った通貨が流通しつづけたのだが、それだからなおのこと、新たに皇帝になった人が発行する通貨が注目を浴びたのだった。

アグリッピーナはそれに、息子と自分が向き合うという構図を採用させた（次頁の写真）。女の横顔を彫った通貨ならば、それまでにも存在した。もともとからして国

ネロと母

家ローマの表象形は、女神の顔である場合が少なくない。しかし、皇帝とその母が同一通貨面にともに、しかも地位の平等までも誇示するかのように向き合う形で示されたのは、前代未聞《みもん》であった。現代でも遺《のこ》っているのは金貨（アウレウス）のみだが、金貨よりは流通量の多かった銀貨（デナリウス）でもこの構図が採用されなかったとは、誰も断言できない。いつ、どこで、発掘されるかもわからないのが考古学である。それにしても、ネロ即位直後のアグリッピーナの権勢は、まさに彼女が望んだとおりであったのだ。皇帝の布告にさえ、Augusta《アウグスタ》. Mater augusti《マーテル・アウグスティ》（皇后にして、皇帝の母）と記させたのだから。

しかし、ローマの女としてははじめて自分の考えに立って権力を行使したいと望んだアグリッピーナだが、誤算も犯していたのである。ネロは彼女の血を引く息子であり、それゆえに、彼女と同じ考え方をする可能性が大であるということまでは計算に入れていなかったのだ。自分の考えでやりたいと思う母親ならば、息子もそうであって不思議ではない。十代ではまだそこまでは自立していないと考えていたのならば、誤算とするしかない。ネロに知性《インテリジエンス》があったか否《いな》かはここでは措くとしても、当代一の才人セネカが愛した弟子である。ネロは利発で、才気も豊かな若者だった。アグリッピーナの性格から推測しても、この母は自分と似た性質の息子に向って、毎日のように、あなたが皇帝になれたのはママのおかげよ、とでもくり返したにちがいない。この結果、皇帝とその母というよりも、普通の家庭の十代の息子と母の間でもありうることが起こったのである。

息子の反抗は、母が吐き捨てるような口調で軽蔑《けいべつ》すること確かな女を愛することからはじまった。アクテという名の奴隷女に惚《ほ》れこんだのだ。だが、はじめの頃はまだ、息子はそれを母の眼から隠そうと努め、セネカに協力を求めた。泣きつかれたセネカは、自分のいとこで皇宮の近衛隊長を務めていたアニウスに買い取らせることでアクテを解放奴隷の身分にし、アニウスの愛人という形にして、ネロに逢引《あいび》きの場をつくってやったのである。

それでもやはり、母の眼を欺《あざむ》きつづけることはできなかった。元奴隷女との関係を知ったアグリッピーナは、容赦ない口調で非難した。オクタヴィアという妻がありながら他の女と関係をもったことが、彼女を怒らせたのではない。関係をもった女が解放奴隷であることが、彼女を怒らせ、軽蔑の言葉を乱発させたのである。だが、息子が恋した女を軽蔑することは、その女を選んだ息子自身を軽蔑することになるのに、アグリッピーナは気づいていなかった。

アグリッピーナ

ネロの母親への反抗には、セネカも、近衛軍団長官として本国イタリア内の軍事力をにぎるブルスも、暗に支持するどころか積極的に助力したのである。そして、母へのネロの反抗の第二弾は、クラウディウス時代の「解放奴隷三人組」の一人であり、財務長官に似た地位を占めていたパラスの解任であった。先帝時代の秘書官政治の廃止を宣言した以上、ネロにはパラスを解任する大義名分はある。ナルキッソスとカリストゥスの二人ともが失脚しているのに、パラス一人を留任させることはできなかった。

しかしパラスは、クラウディウスの再婚の相手にアグリッピーナを推薦したときからはじまって、皇帝の妻になって以後のアグリッピーナによるネロ擁立の陰謀も、積極的に助けてきた人なのである。アグリッピーナが、片腕をもがれたと同じ想いになったのも当然だろう。しかもセネカは、解任をパラスに飲みこませるのに、弟のユダヤ長官の留任と、パラス自身の余生の安泰の二つを交換条件にしたようなのだ。そうすることで、パラス解任阻止に立つと予想された、アグリッピーナとパラスの共闘戦線を崩そうとしたのである。解任をすんなり受け入れたパラスは首都を後にし、アグリッピーナは一人怒りを爆発させた。

勝気な女が逆上すると、言葉は洪水のごとくにほとばしり出る。誰の前であろうと誰が聴き耳を立てていようと、そのようなことは関係なくなる。息子の部屋に押しかけたアグリッピーナの口から出る言葉は、もはや止まらなくなった。

　誰のおかげで皇帝になれたと思っているのか。お前を皇位に就けるために、わたしがどれほどの犠牲を払ったのかがわかっているのか。それなのにこの仕打ち。母知らずの恩知らず。片輪（左腕のないブルスを指す）と追放帰り（セネカを指す）の補佐だけで、大帝国の統治ができると思っているのか！

　エノバルブス一門出身のお前でも皇帝になれたのは、わたしを通して伝わるユリウス一門の血のおかげ。それさえも認めないお前よりも、ブリタニクスのほうがずっとましだ。あの子も十四歳。もう子供ではない。ブリタニクスを連れて、近衛軍団兵営《カストラ・プレトリア》に行くつもりだ。近衛兵たちも、ゲルマニクスの娘の言葉には耳を傾けるだろう。ブリタニクスは先帝の嫡子《ちゃくし》。闖入者《ちんにゅうしゃ》の養子よりも、帝国統治権では正統を主張できる。皇帝にしてやった恩も忘れて母親をないがしろにすることしか知らないお前には、神々の罰が下って当り前!!!

　とまあ、ローマ時代の史家たちを喜ばせるに充分な言葉を乱発したのである。だがこれが、それまではなるべく母親と顔を合わせない程度のことしか考えなかったネロの心に、恐怖の念を呼び起こしたのだった。あの母なら、ぶちまけるだけではすまずに実行に移しかねない、と。これで、健康もすぐれず、才能も性格も目立たなかったために影の薄かった、哀れなブリタニクスの運命が決まった。

セネカとブルスを良く書きたい史家たちは、ブリタニクス殺しにはこの二人は関与していなかったにちがいないとするが、私は、助力するという形にしても関与していたと思う。もしもアグリッピーナがブリタニクスを擁立して反ネロで立ったとしたら、「ゲルマニクス神話」がいまだに生きていた兵士たちのこと、悪くすれば内乱になったろう。皇帝が若く子もいない場合、自分の次に皇位継承権を主張できそうな者は、自分の後を継ぐ者というよりはライヴァルになる。その者を消すことは、ライヴァルの排除を意味する。カリグラも、先帝ティベリウスの実孫のゲメルスを殺させた。アウグストゥスも、カエサルの唯一《ただ》人の実の息子だと母のクレオパトラが主張していた、カエサリオンを殺させている。同じくクレオパトラの息子でも、父がアントニウスであった子たちは引き取って育てたにかかわらず。

カエサリオン殺しを理由にあげて、アウグストゥスを非難した人はいなかった。カリグラへの非難も、ゲメルス殺しが理由にはなっていない。ブリタニクスの死は、持病の喘息《ぜんそく》の発作と公表された。疑いをもった人もいたろうが、大勢はそれで納得したのである。一千六百年後の十七世紀、フランスの劇作家ラシーヌは、『ブリタニキュス』と題した悲劇を書くことになる。

しかし、ブリタニクスの死に誰よりも打撃を受けたはずのアグリッピーナは、あきらめるということは知らない女だった。ブリタニクスの死は確かに打撃だったが、この義理の息子を愛していたからではなく、彼女自身の権力が失われることにつながる怖《おそ》れがあったからだ。その年四十歳だったアグリッピーナは、猛然と反撃を開始した。

まずは、資金集めである。彼女ほどの血縁関係と地位をもっていれば、遺産相続による資産の蓄積があった。それは、代理人を通して運営する私有地であったり投資であったりするが、これらを売却したのである。

第二は、こうして集めた資金を、ライン河駐屯のゲルマニア軍団に投入した。クラウディウス帝の妻であった時代に、彼女は自分が生れた地という理由で、現代のケルンに自分の名を冠し、その地に退役兵たちを入植させることで、ケルンの語源となる植民都市《コローニア》に昇格させている。自分の名を冠した地の名実ともの都市化に資金を投入するのだから、大義名分はあった。だが、真の目的は、ライン河防衛線を守る軍団兵を味方につけることにあったのだ。七個軍団だから四万二千兵。これらの精鋭を味方にできれば何でもできた。アグリッピーナは、皇宮に住まいながら、ライン河駐屯軍の軍団長たちとの間の連絡関係を密にしはじめたのである。

第三は、夫ネロにないがしろにされ、弟のブリタニクスにも死なれて沈みこんでいるオクタヴィアを慰めるという理由で、この嫁に接近した。地味で出しゃばることのまったくないこの女人を、ローマの庶民は同情し、また敬愛していた。オクタヴィアを味方に引き入れることは、庶民には人気のなかったアグリッピーナにすれば、自分のマイナス要素を差し引きにすることを意味したのである。

だが、息子のほうも負けてはいなかった。まず、皇帝の母ということで許されていた身辺の警護役を務める兵士たちを、その任務からはずしてしまった。「皇后にして皇帝の母《アウグスタ・マーテル・アウグスティ》」から、一般の女並みに落としたということだった。そして、皇宮からも追い出す。アグリッピーナは、場所だけは同じパラティーノ丘にしろ、祖母のアントニアが生前に住んでいた屋敷に引っ越すしかなかった。もちろんのこと、公式の席に顔を出す機会も極度に減った。息子は母を、招待名簿から削除させたからだ。それに加えて息子は、母親が口をきわめて非難してきたもう一つのことを、以前よりも堂々とやりはじめたのである。

それは、同年輩の取りまき連中を引き連れては、夜な夜なローマの街中にくり出すことだった。くり出すときは、皇帝にも有力元老院議員の息子にも見えない、普通の若者の身なりを装《よそお》う。陽気な若者の一団は、街にくり出しては勝手放題を愉《たの》しむのだ。一度などは暴れすぎ、住民の訴えで駆けつけた夜警の一隊との間で、乱闘騒ぎにまで発展したことがあった。ようやくの想いで押さえつけた若者たちの中に皇帝がいるのに隊長が気づき、警察の御厄介《ごやっかい》になるところがこと無きで済んだが、翌朝の元老院会議に出席したネロの顔には、なぐられた跡が歴然と残っていたという。

だが、セネカもブルスも、若さの発散は必要だと考えたのか、眼の下に黒いあざを残した顔で元老院に登院しようが容認したのである。なにしろネロは、いまだ十七歳だった。

それにしてもアグリッピーナは、息子ネロの即位から一年足らずで、影響力のすべてを失ってしまったことになる。十七歳では、こうも鮮やかにやり遂げられるはずはない。アグリッピーナの権力を削《そ》ぐ必要には、セネカもブルスも積極的に同意していたと思うしかないのである。

だが、アグリッピーナは、敗北を認めておとなしく引き退《さが》る女ではなかった。資金集めはやめなかったし、ライン河駐屯の兵士たちへの接触もつづけた。そして今や、オクタヴィアの保護者ナンバーワンにもなる。そのうえ、回想録まで書きはじめた。

現代には遺っていないが歴史家タキトゥスは参考にしたと書くくらいだから、古代には遺っていたのだ。ローマの女で著作までモノしたのは、後にも先にもアグリッピーナだけである。自立を意識しはじめていた息子にすれば、やっかいな母親ではあった。

## 治世のスタート

しかし、若さの発散にも熱心な若年皇帝をいただこうと、この時期の元老院では、帝国の将来を決めることになるいくつかの政策が真剣に討議され、興味深い結果を採択していたのである。

その一つは、解放奴隷に関する問題であった。クラウディウス時代の「解放奴隷三人組」の活躍への反動で、元老院議員の中にはネロによる秘書官政治廃止の宣言だけでは満足せず、解放奴隷そのものの社会への進出を、大幅にセーブすべきであるとの意見が強まった。具体的には、奴隷の身分から自由を獲得して「解放奴隷」に格上げになった後でも、不都合があればもとの奴隷の身分にもどすべきで、それを国策化しようという提議である。

これに対して、反対論も展開された。反対に立った議員たちは、次のように言った。

たしかに個々の例ならば、自由にしてやって市民権まで与えた解放奴隷の中には、奴隷の身分にもどしたいと思う者は幾人もいる。だが、個々に不都合があったという理由で、全体を律するのは誤りである。解放奴隷のローマ社会への進出は、もはや既成の事実であり、彼らはローマ社会の中と下の層の重要分子として定着している。属州駐在の事務官僚、首都ローマの下級公務員、本国イタリアの地方自治体の役員、祭式を実際に進める事務職、消防員や警察員等々、ユリウス・カエサルがはじめた解放奴隷の積極的登用は、百年後の今日、国家ローマの伝統ともされるほどに定着しているのだ。現在では元老院階級や騎士階級に属す人々の中にも、祖先をたどれば解放奴隷であった人も少なくない。

それに、ローマには昔から、選挙権までも有する「ローマ市民権」と選挙権だけはない「ラテン市民権」というように、市民権にも二種類があったと同じように、解放奴隷にも二種があったのだ。自由取得後は旧主人との縁を切ることも認められた公式解放奴隷と、自由を得ても旧主人の家に居つづける私的解放奴隷の二種である。ただし、後者から前者への移行は可能だった。その際に行われる査定の規準は、ローマ市民にするにふさわしい実績の有無であったのだ。

ゆえに、Libertus《リベルタス》（自由）という公共の善を共有することの好不適は、以前と同じく、個々の事例ごとに対処すべき問題であって、法律化という、一事で全体を律してしまう問題ではないと考える。
ネロも出席していた会議での採決の結果は、後者の意見のほうが多数を獲得したのだった。敗者復活を容認する国家は、健全に機能する国家でもある。ローマには、それがあった。

しかし、解放奴隷の人権は認めた元老院議員たちも、奴隷の人権までは認めなかったのである。ローマには昔から、奴隷が主人を殺した場合、同じ屋根の下に住む奴隷全員にも連帯責任があるとされ、殺害者一人に限らず全員が死刑にされると定めた法があったのである。だがこの法律も、長く実施されずに過ぎていた。その間ずっと、殺害当事者のみの死刑に留まっていたのだった。

ところが、首都警察の長官が奴隷に殺されるという事件が起こった。殺されたセコンドゥスの家には、四百人もの奴隷がいた。この人々の全員が死刑になるのでは時代錯誤《アナクロニズム》もはなはだしいと、一般市民がデモを組織して反対に立った。しかし、元老院は態度を変えなかった。法が時代錯誤であればそれを改めた新法を採択すれば、旧法は自動的に消える。元老院は、それをするのを拒否したのである。社会の上層部に属す元老院議員の屋敷には、数百人規模の奴隷がいるのは普通であったのだ。
そして、介入しようと思えばできる地位と権力をもちながら、ネロは介入しなかった。セネカもそれを推《すす》めなかった。即位直後に宣言した、元老院のもつ権利を尊重する、を守りたかったからである。庶民たちが涙で見送る中を、女も子供も交えた四百人もの奴隷たちは連行されていった。救いは、このような事件はその後ほとんどと言ってよいくらいに起こらなくなったことである。連帯責任を再認識させたことが抑止力になったのか、それとも法律の適用がもう少し柔軟になったのか、でなければ、皇帝が介入するようになったのか。

翌・紀元五七年担当の執政官二人のうちの一人はネロであった。ネロの執政官選出は、紀元五五年につづいて二度目である。いまだ十代の若者を執政官に選出したのは元老院だが、普通ならば資格年齢は四十三歳なのに十代のネロを選んだのは、元老院議員たちの多くがそれを望んでいたことを示している。別に、最高権力者におもねってではない。執政官《コンスル》という国家ローマの公式な第一官職に就けることで、「第一人者《プリンチエプス》」という非公式な皇帝職を、ローマの共和政体の中に組み入れるためであった。組み入れることによって、皇帝の権力をセーブしようという考えが裏にあったのだ。

何度でもくり返すが、アウグストゥスが創造したローマ式の帝政とは、「デリケートなフィクション」とするしかない政体なのである。厳密に言えば、「皇帝《インペラトール》」は軍の最高司令官しか意味しない。将兵たちが忠誠を誓う相手であって、一般のローマ市民には、忠誠を誓う義務はない。元老院議員でも、司令官や軍団長は軍事職だから、忠誠を誓うのは当然。また担当する属州では防衛にも責任をもつ属州総督も軍事職を兼ねるので、忠誠の義務はある。だが、元老院議員であるだけで他の公職を兼任していない人には、「第一人者」に対してはあっても「皇帝」に対しては、忠誠宣誓の義務はなかったのだ。当り前だ。「Senatus Populusque Romanus《セナートゥス・ポプルスクエ・ロマーヌス》」(元老院並びにローマ市民)、略せば「S・P・Q・R」が、国家ローマの二大主権者であったからである。「第一人者《プリンチェプス》」とは、ローマ市民中の第一人者、の意味しかなかった。

それなのになぜ、皇帝と表記しても不適当でないまでの絶対権力を振るえたのか。この「第一人者」は、次の諸権力も合わせもっていたからである。

「最高司令官《プロコンスラーレ・マイウス》」――軍団兵補助兵合わせて三十万になる軍事力を、命令一下動かせるということだった。

「護民官特権《トリブニチア・ポテスタス》」――共和政時代に平民の権利保護を目的にして創設された護民官職

の継承だが、法案が元老院で否決されても平民集会で可決されれば政策化も可と定めたホルテンシウス法によって、元老院の意向とは反対の政策の実施もできる権利を与えられていたのが特色である。これに加え、その発動によってあらゆる決定事項、賛成多数で可決された事項でさえも白紙にもどせるという、拒否権までも与えられていた。

ちなみに、国際連合の安全保障理事会の常任理事国であるアメリカ合衆国、イギリス、フランス、中国、ロシアの五ヵ国が権力をもっているのは、常任であるからではない。これこそ現代でもラテン語のVETO《ヴエトー》で通用する、拒否権をもっているからである。ゆえに、拒否権なしの常任理事国などは意味を成さない。つまり、拒否権は最強の権力なのだ。

「最高神祇官《ポンティフクス・マクシムス》」——ローマ宗教界の最高責任者。国の決めた祝祭日には、先頭に立って祭儀を行う義務がある。

「国家の父《パーテル・パトリアエ》」——市民たちの意を受けた元老院が決議して贈与する尊称。ティベリウス帝はこれを拒否しつづけたが、拒否は政治的には誤りであったと思う。なぜなら、ユリウス・カエサルもアウグストゥスも受けたこの尊称には、元老院階級や一般平民というローマ社会の各階層の利害を超越した、国民全員にとっての「父」という意味がこめられていたからだ。国民一人一人は、公正で有能な「父」の許《もと》で安心して各々《おのおの》の任務を果せばよい「子」、なのである。古代のローマでは、「家父長権《パーテル・ポテスタス》」が強かった。ローマ人にとっての「国家《パトリア》」とは、「家庭《ファミリア》」の延長であったのだ。

そして、「最高司令官」も「護民官特権」も「最高神祇官」も「国家の父」も、共和政時代からすでに存在していた役職であり尊称であって、それゆえに完璧《かんぺき》に合法だった。ただし、これらの「合法」がただ一人の人物に集中すると、ローマの国法に照らせば「非合法」とするしかない、唯《ただ》一人の最高権力者に変貌《へんぼう》するのである。それなのに市民中のナンバーワンの意味しかない「Princeps《プリンチェプス》」と称するのだから、これ以上のまやかしはなかった。だが、広大なローマ帝国は一人が統治するのが最も現実的な統治法だと確信していたアウグストゥスには、それを現実化したいならば、方策はこの「デリケートなフィクション」しかなかったのである。

しかし、自身は合法機関である元老院は、それが非合法であることを知っていた。非合法を合法にもどす道が、「第一人者」を執政官にすることであったのだ。

初代皇帝アウグストゥスも、四十年にわたった治世のうちの四分の一を執政官との兼任で過ごした。二代目ティベリウスは、二十三年の治世のうちで三度しか執政官に就いていないが、これも彼の元老院軽視の証《あか》しとされ評判が悪かったのだ。三代目のカリグラは、四年足らずの治世の間で、就任期間は短かったにしろ、四度も執政官職を経験している。四代目のクラウディウスも、十三年間の治世中、執政官を兼任した年の総計は五年におよんだ。アウグストゥス創作のローマ型の帝政という「デリケートなフィクション」をめぐっての、水面下での攻防を見る想いになる。元老院にすれば、最高権力者を執政官にしてとりこめるのならば、その人が十代の若者であることなどはさしたる問題ではないのであった。そしてこの間の事情を、自身も元老院議員であるセネカは熟知していたのだ。

しかし、これはあくまでも「攻防」であるだけに、両者とも有利に立とうとして虚々実々の技をつくす。紀元五八年、元老院は二十歳に達したネロに、「終身執政官《コンスル・ペルペトゥア》」なる新官職を創案して、それを贈ることを決議した。だがネロは、それを受けなかった。とりこまれたくなかったのである。このときの拒否が、ネロ自身の意志によるのか、それともセネカの進言を入れてであったのかはわかっていない。だが、この時期からのネロは、それまでの元老院寄りの政治から、もはや明確に皇帝の政治に移行していくのである。

まずはじめに平民には、一人につき四百セステルティウスの贈与金を、ネロの名で配分した。ローマの平民は伝統的に、元老院階級と対立する階層であった。

次いでネロは、満期除隊の軍団兵たちの入植先はカエサル以降、主として属州だったのだが、それを久々に本国イタリアに変えた。しかも、これまでのような軍団ごとにまとめて入植させるのではなく、個々の兵士は彼らそれぞれが希望する地に土地をもらい、そこに入植するやり方にもどしたのである。兵士たちにしてみれば、満期除隊後に故郷に帰るのと同じことだった。本国の人的空洞化の防止が目的であったことは言うまでもない。だが同時に、満期除隊後に故国に土地をもらえて満足した彼らの支持が、それをしてくれた人、つまりネロに向うのを見込んでの施策であった。そしてこれは、ローマ人である軍団兵をまとめて入植させなければ属州のローマ化は成し得ないという、時代の終わりも意味していたのである。

## 経済政策

時代が変れば、諸々《もろもろ》の政策も変って当然である。ネロは、Fiscus《フィスクス》（皇帝属州からの税収）のうちから四千万セステルティウスを、Erarium《エラリウム》（元老院属州からの税収）の不足を埋めるために融資することで、どうやらこの時期、二つに分れていた国庫の一本化に成功したらしいのである。合併は、相手が赤字の場合のほうがやりやすかった。

それに、もともとからしてこの二つは同じものなのだ。直接税である属州税と、間接税である関税その他の税は、皇帝属州でも元老院属州でも変りはない。それを、二分するだけでなく「フィスクス」に「エラリウム」と名まで別にしたのは、元老院を敵にまわさないためのアウグストゥスの深謀遠慮であった。元老院属州の統治を担当する属州総督は元老院議員の互選で選ばれるが、皇帝属州の統治責任者である総督や長官は、皇帝によって任命される。元老院管轄《かんかつ》の属州、皇帝管轄の属州、の意味なのだから、そこからあがる税収も、前者は元老院の管轄とし、後者は皇帝の管轄とすることで、アウグストゥスは、「第一人者統治」移行に際しての元老院の不満を押さえたのだった。

第Ⅵ巻（文庫版第14～16巻）ですでに述べたように、「皇帝属州」と「元老院属州」のちがいは、軍団を常駐させる必要の有無にある。軍団は外敵に対する防衛のために常駐させるのだから、パルティア王国と対するシリア属州を除けば、他の皇帝属州はすべて辺境で、それゆえに低開発地帯であり後進地帯であった。反対に元老院属州のほうは、ローマ化が進んでおり、経済的にも先進地帯が多い。アウグストゥスがこのシステムをはじめた当初は、財政赤字は皇帝属州のほうで、その補塡《ほてん》も、「エラリウム」から「フィスクス」にまわすことで成されていたのである。

この経済力の差は、平和が定着し、インフラの整備も進むにつれて少しずつ縮小し、アウグストゥスからは一世紀が過ぎつつあったネロの時代ともなると、肩を並べるまでになったにちがいない。実際、ネロは、元老院属州の総督にだけ、経費の節約を命じている。この変化の原因は、元老院属州の経済力の減少にあったのではなかった。皇帝属州の経済力のほうが向上したからである。定住型の農牧民族のほうが移動型の狩猟民族よりも、生産性は断じて高い。敵の襲来への心配がなくなった皇帝属州の住民は、安心して農牧業に専念できるようになり、生産は増大し、税収もそれにつれて増えていったのである。

しかし、ネロによる国庫の一本化は、「フィスクス」が「エラリウム」を吸収する形で成されたことで、皇帝の権力のいっそうの強大化につながっていくのである。税収さえも、もはやすべては皇帝の管轄下に入ったのだから。

経済政策にかぎればネロは、その十四年にわたる治世中に三つの改革を行った。第一は、ここまでに述べた国庫の一本化である。第二は、間接税全廃の提案。第三は、通貨の改革であった。第三の、改革と言うより手直しについては、これが実施される紀元六四年の時点でとりあげるほうが適切と思うのでここでは触れない。だが、国庫の一本化実施の翌年に提出された間接税全廃については、ここでつづけて述べることにする。

結論を先に言えば、第一と第三の改革は、悪評を浴びて自死せざるをえなくなったネロの退場後も、長く帝国の政策として受け継がれたのに対し、第二の改革の試みだけは、提出当時ですら猛然たる元老院の反対を受け、骨抜きにされた形でようやく成立するのである。それでもここで取り上げるのは、間接税全廃をめぐって対立したネロと元老院の両者ともの、税金と経済に対する考え方を如実《にょじつ》に示す例であるからだ。

紀元五八年、終身執政官職は断わったが、前年につづいて執政官に就任していた二十歳のネロが、議長を務めての元老院会議である。四百人はいた議員たちの全員が彼より年長者で占められているその席で、皇帝ネロは間接税全廃を提案したのだった。第Ⅵ巻の二一一頁（文庫版第15巻一一九頁）でもあげた次頁の表が示すように、ローマ市民・属州民の別なく支払う義務をもつ間接税とは、宝石や絹や香味料などの贅《ぜい》

| | ローマ市民 | 非ローマ市民(属州民) |
|---|---|---|
| 直接税 | 収入税としてならば直接税はなし<br>奴隷解放税　5％<br>相続税　5％ | 地租税ないし属州税は収入の10％<br>(兵役勤務の属州民は免除) |
| 間接税 | 関税　1.5～5％<br>(オリエント産の贅沢品に対しては25％)<br>売上げ税　1％ | |

アウグストゥスの定めた税制

沢品《たくひん》が主体の東洋からの物産にかかる二五パーセントを除けば、税率五パーセントの関税と一パーセントの売上げ税から成り立っている。この税制を定めたアウグストゥスの時代では、経済力の弱い後進地帯には減税政策がとられ、関税の税率が一・五パーセントであったり二パーセントであったりする属州があった。皇帝属州に組み分けされた地方が、この優遇策の対象になったのだ。それ以外の地は、本国イタリアもふくめて五パーセント圏に入っていたのである。

だが、ネロの国庫一本化に対しては元老院からの反対がほとんどなかったことが示すように、ネロの時代ともなると、皇帝属州と元老院属州の税収に差はなくなっている。ということは、皇帝属州の経済力が向上したという証拠で、関税面での優遇策も撤廃されていたのではないか。優遇策撤廃を示す史実はないが、ネロが関税の全廃を提案した際の人々の発言に、「二十分の一税《ヴィイチェージマ》」以外の言葉は出てこない。皇帝属州の経済力の向上につれて、関税も、東洋からの贅沢品以外は五パーセントで統一されていたのにちがいない。

ネロは、この五パーセントの関税の撤廃を提案したのである。理由は、関税を撤廃すれば経済活動がより活発化するはずで、活発化すれば経済力も向上し、「十分の一税《ディチェージマ》」である属州税の増収につながる、というのであった。

これに対して、ローマ市民権所有者であることから属州税支払いの義務はなく、関税が撤廃されればそれも払う必要がなくなってトクするはずの元老院が反対したのである。彼らは言った。関税撤廃が属州税の増収につながるというのは予測であって、撤廃当初に必要とされるのは、撤廃分に代わる財源をどこに求めるかである。それには、属州税の税率をあげるしかない。そのようなことになっては、帝国統治上の一大問題化する怖《おそ》れがある。

現代の研究者たちが諸々の史実を踏まえて立てた試算によれば、関税の全廃による減収は一億セステルティウス前後であって、それは国庫収入全体の十五分の一程度に相当したという。楽観的予測の正否は別にしても、まずは穴埋めを考えるのが先だとするのは正論かもしれない。とはいえネロは、積極経済論者であったようだ。

しかし、関税撤廃は、ネロが自ら立案者となって法制化を求めた政策であった。採決にかければまちがいなく否決されたろうが、それでは皇帝の面目丸つぶれというもの。それで、議員の中から補正案が出された。「二十分の一税《ヴィチェージマ》」は、生活必需品ナンバーワンの小麦の輸入に関しては全廃する、という妥協案である。ネロは、これで満足するしかなかった。

関税撤廃の件では正論を展開して皇帝案を葬《ほうむ》った元老院議員たちだが、内心では、やる気充分のこの二十歳の若僧の鼻をへし折りたい想いもあったのである。それは、少し前にネロが彼らに命じたあることへの、不快感から発していた。

テヴェレ河の西岸の一画を占めるヴァティカーヌス（現ヴァティカン）には、カリグラ帝が私用に造らせた競技場（スタディウム）があった。それをネロは改装させ、市民たちの娯楽の場として開放していた。競技場はその当時、大競技場《チルクス・マクシムス（羅）》しかなかったのがローマだ。カリグラがわざわざエジプトから運ばせた二十五メートルのオベリスクが、ヴァティカンの競技場にも、大競技場《チルコ・マッシモ（伊）》に準ずる外観を与えていた。

ネロは、そこで開催する体育競技会に、つまり現代で言う陸上競技会に、元老院階級と騎士階級という、ローマ社会の上層に属す男たちに出場を命じたのである。そして、観客席には一般市民を招待した。

トーガを着けていれば、肥えた腹でもゆるみきった肉体でも目立たない。それどころか、社会的地位の高さまで示すようで、なにやら重々しい印象さえ与える。入浴したりマッサージさせたりする際には裸体になるが、その裸体を眼にするのは使用人である奴隷たちで、グラウンド上で半裸体をさらし、観客席を埋める一般市民の視線を浴びるのとはちがった。しかも、走ったり投げたりという、青年時代でやめてしまった運動をやらされるのである。ローマ人はギリシア人とちがって、体育は青少年の肉体鍛練のためにあるのであって、国家の行方を心配しなければならない成熟した男のやることではないと考えていた。皇帝の命令だから、いやいやながら従ったのである。

もちろん、観客は大喜びだった。考えてみてほしい。国会議員や高級官僚や財界の大物たちが半裸体になって陸上競技をやらされたとしたら、マス・メディアは絶対に報道するであろうし、われわれ一般大衆も、入場料を払ってでも見物しにいくにちがいない。ネロちゃん、やってくれるじゃないの、とでも言い合いながら。元老院議員たちが、生意気な若僧奴《め》、と思ったとしても無理はなかったのである。だが、このローマからは遠く離れた帝国の東の辺境では、成熟した一人の男が、成熟した男にしかできない責務を遂行中であったのだった。

## アルメニア戦線

アルメニアの王位を奪ったパルティア王の弟を追い出し、再びアルメニア王国をローマの覇権下に引き入れる使命を帯びていたコルブロには、いくら待ってもローマからの戦略変更の知らせは届かなかった。あいも変らず対パルティアの指揮系統は二つに分れたままで、パルティア王との休戦交渉まで、シリア属州総督クワドラートゥスとの二本立てで進める始末であったのだ。対パルティア戦にそなえる軍事力も、クワドラートゥスとの二分。コルブロに与えられていた軍事力は、クワドラートゥスがネロからの命令ゆえ渋々ながら分与した二個軍団に、ドナウ河中流を守るモエシアから東方に移動命令の下った一個軍団という、主戦力ならば三個軍団の一万八千兵。これに、モエシア軍団附属の補助兵の六千。最後に同盟国からの参加兵と属州民の志願兵を合わせても一万足らずの補助兵。このすべてを総計しても三万四千にしかならない。だがコルブロには、この三万四千兵さえも戦力と考えることはできなかった。シリア属州からの二個軍団が、とうていこのままでは戦場に出せない状態にあったのである。

ローマにとっては唯一《ゆいいつ》の仮想敵国と言えるパルティア王国と対する最前線であるだ

けに、先進地方ではあってもシリア属州だけは、皇帝の直轄《ちょっかつ》を意味する「皇帝属州」に分類されていた。四個軍団が常駐していたのは、帝国の東方ではシリアのみである。シリア駐屯の四個軍団は、帝国の東の国境を守る任務を負っていた。

しかし、同じく帝国の国境防衛が任務でも、ライン河やドナウ河、それにブリタニアや北アフリカの砂漠の民相手では、部族長クラスは別としても一般人ならば、けものの皮を身にまとっている蛮族が相手なのである。駐屯地の状態も、辺境の軍団基地ゆえの不便さはまぬがれなかった。そのうえ、先進国の軍隊よりも蛮族の動向のほうが予測しにくい。常に緊張を強いられるのが、辺境防衛であったのだ。

ただし、シリアだけはちがった。当時のローマ帝国の三大都市は、世界の首都《カプトウ・ムンディ》といわれたローマと、エジプトのアレクサンドリアとシリアのアンティオキアである。アレクサンドリアは、プトレマイオス王朝の首都であった都市。アンティオキアも、セレウコス王朝の首都であった都市である。しかもこの〝辺境〟は、国境とされているユーフラテス河から東に住む人々との、交易で繁栄してきたのが特色だ。敵と言っても、一般人にとっては交易の相手である。襲撃してきたときだけ、「敵」に一変するのだ。しかも、ローマ市民からなるシリア属州常駐の四個軍団の兵営地は、繁栄を満喫する商人の街アンティオキアの内部に置かれていた。そしてこの地方でも、「平和《パクス》」

はすでに百年もつづいていたのである。シリア駐屯の軍団兵の士気の低落は、これら諸条件によってもたらされた帰結でもあったのだ。現地人と組んで商売に情熱を傾ける者までいた。

もはや老境に入っておりシリア勤務も長い総督クワドラートゥスとちがって、まだ五十代半ばで文字どおりの辺境から着任してきたコルブロには、この現状は我慢ならなかったのである。彼の前任地は、ライン河防衛線の中でも、地理条件と気候条件は最悪の低地ゲルマニアだ。ライン河の中流から河口にかけての、陸地伝いだけでなく海からも侵入してくる敵までを相手にしなければならない地帯であった。だがこの武人は、着任後まもなくして、西方《オチデント》とは条件の質はちがっても、東方《オリエント》でも悪条件があることに気づいたのにちがいない。小アジアからアルメニアにかけては厳しい山岳地帯がつづき、シリアの東からユーフラテス河にかけては、海を行くと同じ砂漠が横たわっていたのである。

南仏の属州出身ながら、武人には古き良き時代であった昔のローマの武将を想わせるコルブロは、まず、アンティオキアの都市生活に慣れた二個軍団の軍団兵たちから、屋根の下で眠る日々を取りあげた。兵舎でなく、天幕《テント》ぐらしを強いたのである。同時

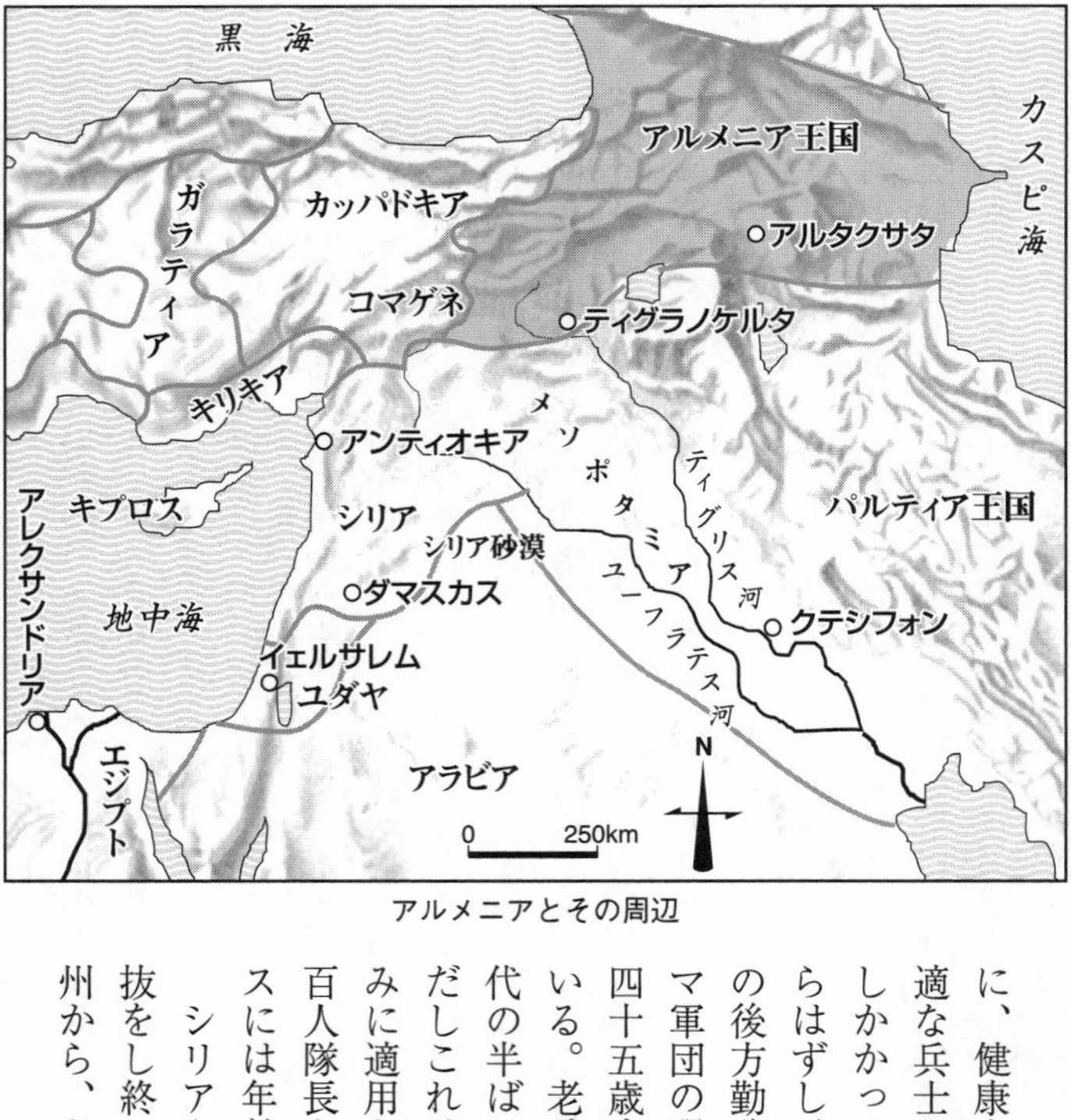


アルメニアとその周辺

に、健康上の理由で軍務に不適な兵士や、現役の上限にさしかかっている老兵を軍務からはずし、現代で言うところの後方勤務にまわした。ローマ軍団の現役は、十七歳から四十五歳までの間と決まっている。老兵と言っても、四十代の半ばにすぎなかった。ただしこれは、一般の軍団兵のみに適用された制限であって、百人隊長から上の指揮官クラスには年齢の制限はなかった。

シリアからの二個軍団の選抜をし終った頃にモエシア属州から、ドナウ河防衛軍から東方への移動を命じられていた一個軍団が到着した。同じ時期、同盟諸国からの参加兵たちも到着する。多国籍軍で闘うのが伝統のローマ軍だが、ローマ軍の本体は軍団兵と呼ばれた重装歩兵で構成されているため、同盟諸国からの参加兵は、騎兵か、それとも弓矢兵などの軽装歩兵になる。司令官のコルブロは、軍務不適格者をはずした後の穴をカッパドキアやガラティアの山岳民で補充したというが、皇帝から与えられた三万四千の兵力は確実に切っていたにちがいない。低地ゲルマニア軍を指揮していた当時の彼は、四個軍団と補助兵から成る五万近い兵を使えたのである。大国パルティア相手に戦闘に入ることが予想される戦線に、ゲルマニアの蛮族相手よりも少ない兵力しか与えないとは、ローマは何を考えているのだろうと思ったのではないか。カエサルならば、さっさと自己負担で、と言っても借金してだが、それでも自己負担で新軍団を編成して早々に解決を期したろうが、世はもはやこのようなことを許した共和政時代ではなかった。帝政時代とは、最高司令官である皇帝とその部下の司令官たちとの間のヒエラルキーは確固たるものであったのだ。コルブロには、手持ちの兵力を活用するしか道はなかった。

ローマでは、ネロと元老院の間の「攻防」が少々喜劇的に進んでいた紀元五七年から五八年にかけての冬、コルブロは、兵士全員を厳しい山岳地帯に連れて行った。猛訓練をほどこすためである。ただし、地勢も気候も厳しい場所ならば、どこでもよいというわけではなかった。コルブロは、小アジアの東端にあってアルメニアとは国境を接する山岳地帯を訓練の場にしたのである。アルメニア人へのデモンストレーションとともに、猛訓をほどこした軍でそのままアルメニア領内に進攻できることを考えてであった。

標高二千メートルに迫る高地では、天幕を張るのにさえ、地表をおおっている凍氷をくだく作業からはじめなければならなかった。凍傷者が続出し、夜間の歩哨《ほしょう》中に凍死する者さえ出た。コルブロ自身もローマ軍の軍装姿で、訓練中の兵士たちを視察してまわった。ローマの軍装とは、両腕と両脚はむき出しなのだ。その軍装で、雪と氷と寒風の中で、冬を越すのである。脱落者は多く、すでに選抜過程で減っていた兵力はさらに減少した。

背丈が並よりは高く体格もがっしりしているコルブロは、言葉は決して多くなかったが、粗暴な振舞いも絶対にしない男だった。だが、頭髪が寒風にあおられた姿が近づいただけで、その場の空気が変った。他の軍団では遅刻は二度までは許されたのに、コルブロ軍では一度でも罰を科された。軍団旗を捨てて逃げたりすれば、即死刑だった。こうも猛訓をほどこされれば、脱走兵が出る。脱走兵も、他では帰営すれば許されるのに、コルブロ軍では、帰ってきても死刑だった。この猛訓練の結果、春になる頃には、アンティオキア暮らしでだらけきっていた兵士たちまでが、精鋭の名に値する戦士に変貌《へんぼう》したのである。

紀元五八年五月、司令官は兵士たちに天幕をたたむよう命じた。五四年末に東方《オリエント》への転勤を命じられたコルブロにとっては、実に三年余りを経た後に訪れたはじめてのチャンスである。だが、軍勢はアルメニア領内に進めながらも、コルブロは、軍事

ローマ軍の軍装

しか頭にない軍人ではなかった。

着任直後のパルティア王との休戦交渉の際に、シリア属州総督のクワドラートゥスは下級の士官を交渉役に送ったのに対し、コルブロのほうは上級士官を派遣している。相手方の心情を考慮することで目的を達成することも知っていた男であった。アルメニア領内に軍を進めても、ただちに戦闘に突走ったのではない。行軍の先頭に立って馬を進める彼の頭の中には、戦闘による目的達成と話し合いによる目的達成の二つの選択肢があった。

アルメニア王国は、ローマの覇権下に入って後も、地理的文明的条件によって、常に国内にはローマ派とパルティア派の二派が存在した国である。パルティア王の弟が王位を襲って以来、当然のことだがパルティア派が強くなっている。アルメニア領内に軍を進めるということは、敵地に軍を進めると同じことだった。コルブロにとっては、三万前後しかない兵力で、パルティアとアルメニアの連合軍を相手にすることになるやもしれないのだ。パルティア軍が本格的に出動してくる前に、パルティア王の弟でアルメニア王になっているティリダテスとの間で、解決にもっていきたかったのである。

何やら挨拶《あいさつ》代わりという感じの小ぜり合いを少しした後で、コルブロはティリダテスとの、直接の会談を申しこむ使節を送った。ただし、これは結局は流れた。若い王ティリダテスは、いったんは受けながらもいざとなると迷ったからである。それでコルブロは、提案自体を使節に持たせて王の許《もと》に送ったのだ。それは、前線に派遣する総司令官には白紙委任状を与えるのが伝統のローマでも、大胆きわまると言うしかない提案であった。

コルブロは東方《オリエント》で、三年間を空費していたのではなかった。彼はその間、パルティア王のアルメニア王位奪回の真因を探っていたのである。そして、それを突きとめたのだ。

紀元五一年にパルティア王に即位したヴォロゲセスは、妾腹《しょうふく》の出であった。ティリダテスはその弟にあたるが、本腹の王子である。だがこの王子は、誠実な性格の持主であったらしく、妾腹でも年長の兄にパルティアの王位を譲ったのである。感動した兄は、弟に身の落ちつき先を確保してやる義務感に燃えた。パルティア王国の正腹の王子にふさわしい落ちつき先は、アルメニアの王位しかなかったのである。それで、即位の翌年の紀元五二年、ローマ承認の王のいるアルメニアを侵略したのだ。だがその年は、クラウディウス帝任命のシリア総督が早くも迎撃態勢を布《し》いたので、パルティアは冬に軍を引いたまま、その後の軍事行動は見合わせざるをえなかった。

だが、ローマ側に弱みが見えるや、パルティアがそれを見逃さないのも常である。クラウディウス帝の死とネロの登位が、パルティアにはチャンスと映った。紀元五四年、パルティア軍は再び行動を起す。今度はアルメニアを占領し、弱体で国民にも不評だった王を追い出し、ティリダテスを王位に就けることに成功したのである。

この事情を、コルブロは察知したのだ。まずもってローマ側には、ローマの軍事力によってアルメニアの王位に就けて成功しそうな、カードがなかった。しかもパルティア王には、ローマと戦端を開く気はまったくなく、アルメニア王位を弟のために確保することだけが目的なのである。これらのことを、コルブロは理解したのである。

パルティア王とその弟のティリダテスにあてたコルブロの提案というのは、次の一事であった。

ローマの皇帝ネロに、ティリダテスのアルメニア王即位を願ってはどうか。アルメニアの王位をティリダテスは、ローマの覇権を認めることを条件にローマ皇帝からの贈り物として受けてはどうか。

ローマからの贈り物として受けることは、ローマの権威を認めるということで、オリエント人の考えでは従属を意味することは、コルブロも知っていた。それでいてコルブロは、パルティア王に、パルティアが名を捨てて実を取るならば、ローマは実を捨てて名を取る可能性大、と伝えたのである。

ルクルスによる遠征やポンペイウスの制覇から数えれば、実に百二十年以上にもわたってつづいてきたローマの対アルメニア政策を、百八十度転換すると言ってよいくらいの大胆な提案であった。コルブロは、わかっていたのではないかと思う。ローマで教育を受けたローマ好みの王子をアルメニアの王位に据えつづけることのむずかしさを、現地を実際に見ることによって見抜いたのではないかと思う。

だが、後から見れば先見の明というしかないこの提案は、この時点では実現しなかった。ヴォロゲセスには、弟をローマの従属者にするわけにはいかないというパルティア人の誇りがあった。また、そのようなことを認めでもしたら起ること必定の、パルティア国内の拒絶反応を怖《おそ》れたのである。コルブロに送られてきたのは、拒否の回答だった。コルブロには、軍事的解決の道しか残されていなかった。

司令官は、配下の全軍を北東に向ける。アルメニア王国の首都アルタクサタの攻略が、その彼と兵士たちの目標と決まった。

## 首都攻略

黒海とカスピ海の中間地帯に位置するアルタクサタは、旧ソ連邦の南端にあって、現在ではアルメニア共和国の一小村にすぎない。現代でもこの地方には、アルメニア人が多く住む。二千年昔は、アルメニア王国の首都として栄えていた。

コルブロはしかし、一路アルタクサタに軍を向けたのではなかった。そこまでの道程に立ちふさがる各地の城塞《じょうさい》を、分隊にした隊ごとに攻略目標として与え、絨緞《じゅうたん》爆撃のように撃破させせつつ進軍したのである。まるで、拡大した戦線そのものが前進をつづけ、アルタクサタに向って半円の輪を縮めていくかのようだった。アルタクサタの攻略を容易にするための作戦であったことは明らかである。

実際、アルメニア王ティリダテスは、首都防衛を早くもあきらめ、一戦も交えずに逃げた。コルブロは、無血入城を果したのである。ローマ軍のアルメニア王国の首都占領の知らせは、その年の末にローマにもたらされた。市民たちは歓喜し、ローマ軍最高司令官であるネロに、「インペラトール！」の声を浴びせかける。帝政ローマでは、勝利者の栄誉に輝くのは皇帝であったのだ。ネロも元老院も一般の市民も、これでアルメニアも再びローマの覇権下にもどったと思いこんだのである。

しかし、前線のコルブロは、そうも安易に考えてはいられなかった。逃げたティリダテスの背後にいるパルティア王ヴォロゲセスが、このままでは引き退《さが》るはずはなかった。そこで彼は、戦闘の続行しかないと決める。攻略したアルタクサタも防衛したかったが、それに割《さ》くには手持ちの兵力が少なすぎる点を考慮し、住民の生命には触れなくても、街は焼きつくすことにしたのである。敵がもどってきても、すぐには使用できないようにするためだった。紀元五八年から五九年にかけての冬をアルメニア王国の首都で過ごしたローマ軍は、春、燃えあがるアルタクサタを後にした。目的地は、アルメニア王国では第二の首都とされていたティグラノケルタである。

ティグリス河の上流に位置するティグラノケルタは、現代ではトルコ領になる。古代のアルメニア王国は、西に黒海、東にカスピ海、南はティグリス河までをふくむ広大な王国であったのだ。アルタクサタからティグラノケルタまでの道のりは、南西の方角に向けて、直線距離にしても四百キロ。司令官の職務の一つである兵糧《ひょうろう》確保だけは難事だったが、兵士たちの士気は高かった。コルブロの戦略も、アルタクサタに向ったときと同様、絨緞爆撃式であった。そしてやはり、王国の第一の首都アルタクサタを陥《お》としたことによる、宣伝効果は大きかった。

王国第二の首都も、守備軍が逃げてしまったので無血開城である。ローマの軍事力は、アルメニア王国の主要都市二つまでの攻略によって、アルメニアからパルティア勢力を一掃したことになった。ローマの中央政府が強気になったのも無理はない。ネロは、アルメニアの王位にローマが選んだ王子を就けるという、アウグストゥス方式と名づけてもよい従来のローマの政策をつづけると決める。選ばれた王子の名は、ティグラネス。オリエントの諸王家とは血縁関係にあるゆえ血筋では問題ないが、ローマ育ちでアルメニア人には馴《な》じみのない王子だった。地盤もなく味方もなく、言ってみれば落下傘《らっかさん》降下の王である。そしてネロは、コルブロに対し、一千のローマ軍団兵、一千の補助兵、五百の騎兵を彼配下の軍からはずし、それをティグラネスの王位を守るために与えよ、と命じた。

この程度の兵力で落下傘降下した王を守りきれると思っていたとしたら、二十二歳になってもネロには、軍事なるものがまったくわかっていなかったとするしかない。事実、この処置は一年もしないうちに破綻《はたん》するのだが、その際のネロにとっての唯一《ゆいいつ》の幸運は、クワドラートゥスが死んで空席になっていたシリア属州の総督に、コルブロを任命していたことなのである。とは言っても、再びネロは、指揮系統の二分という誤りを犯すことになるのだが。

ここまでのネロの統治は、「ネロのはじめの五年間」と言われて、暴君ネロとしか知られていない皇帝ネロの善政の時期とされている。善政の理由は、セネカとブルスの補佐よろしきを得たからだとするのも定説だ。とくにこれを言った人がトライアヌス帝で、五賢帝の一人の言葉だからと疑うこともなく信じられてきたが、私にはおおいに疑問だ。善政なるものの内実を見れば、この時期の帝国にはティベリウスとクラウディウスの遺《のこ》した組織と人材が健在であり、おかげで帝国自体も充分に機能しており、また、大きな問題も発生しなかったという幸運もあったのである。帝国の安全保障上の重要課題はアルメニア問題くらいで、これとてもネロの軍事上の戦略ミスで、早期の解決も可能であったにかかわらず、結局は十年もかかってしまうのである。もしもこの五年間の統治を実際に担当したのがセネカとブルスならば、近衛軍団をネロ側につけておくのが最大任務であったブルスは措《お》くとしても、セネカの外政と軍事の才能には合格点をつけるわけにはいかないように思う。

哲学者で文人であったセネカは、軍事も外政も体験しないで皇帝の補佐役になったのは確かだが、自ら体験しないことは不得手、という弁明は成り立たない。現代のわれわれだって、大統領も首相も体験していない人を、大統領や首相に選出するではないか。哲学者や悲劇作者や諷刺《ふうし》作家としてならば一流のセネカだったが、政治では二流であったとするしかないのである。私の考える「二流」は、不測の事態への対処を迫られないかぎり、適度なことはできる人、という意味だが。

記録を遺すような人は、その人自体が知識人で文人に属す。つまり、伝統的に権力とは無縁の層に属す。それゆえ無意識に、同類には好意的になる。辛辣《しんらつ》なタキトゥスですら、セネカには甘いのだから面白い。

そして、「ネロのはじめの五年間」におけるセネカのネロへの影響力も、私には、充分に振るえていたとは思えない。母親の影響力から早くも脱したことが示すように、ネロは師からも離れつつあったのではないか。言い換えれば、「はじめの五年間」でさえも、ネロは相当な程度に自分の頭で決め、行動に移していたのではないかと想像する。なぜなら、「はじめの五年間」の終わりを画す一事件は、師セネカの影響力が健在であったならば、起りようがなかった事件であったからだった。

## 母殺し

ネロには、問題の解決を迫られた場合、極端な解決法しか思いつかないという性癖があった。それは、彼自身の性格が、本質的にはナイーブであったゆえではないかと想像する。

二十歳を迎える前後から、ネロは一人の女に恋をしていた。その人の名はポッペア・サビーナ。特別に高貴な生れではないが、低い生れでもない。祖父は、モムゼンの言う「ティベリウス門下」の一人で、ドナウ河防衛線の確立に功あった人物だった。ポッペアは美貌《びぼう》であったと言われているが、それもローマ一というほどではない。利発さでも、群を抜いていたわけではなかった。ネロの母のアグリッピーナのような野心家ではなかったが、女に生れたことを無駄にしないタイプの女ではあった。

最初の結婚は、騎士階級に属す裕福な男としている。二人の子まで得ながらこの男と離婚したのは、元老院階級に属す若い名門出と再婚するためだった。再婚の相手は、元老院議員の息子で皇帝ネロの遊び仲間の一人でもあったオトーである。ネロが恋し

ポッペア・サビーナ

た相手は、親友の妻であったのだ。

ネロと正妻のオクタヴィアとは、〝皇太子〟時代のネロと皇帝クラウディウスの娘との結婚だから政略結婚になる。だが、ネロとこの妻との間が常に疎遠《そえん》であったのは、政略結婚だからというわけではない。オクタヴィアが地味で面白味も少なく、暗い性格の女であったからだ。最初に惚《ほ》れこんだ元奴隷のアクテは、誠実で心からネロを愛したが、彼女もまた気のきいた女とは言えなかった。ネロは、この初恋の人に早々に飽きてしまう。そこに現われたのが、美しく、生れも皇帝の愛人にふさわしく、そして何よりも気のきいた女のポッペアであったのだ。

邪魔者《じゃまもの》を遠ざけるのは簡単だった。ネロはオトーを、現代のポルトガルにあたる、ルジタニア属州の総督に任命して赴任させてしまう。ところが、夜な夜なネロを中心に遊びまわっていた一人にしては、属州総督としてのオトーはなかなかに有能であった。九年にもおよぶことになる僻地《へきち》勤務なのに、オトーの属州統治は善政と呼んでもまちがいはない。ネロの破滅の後に皇位を襲っては死ぬ三人の皇帝が登場するが、オトーもその一人になる。

しかし、恋の障害物は取り除いたにもかかわらず、ポッペアはネロの愛人になるのを承知しなかった。オトーを愛していたからではなく、愛人の立場に甘んずることを嫌ったからである。それで、若いネロは困り果てた。

ポッペアを妻にするには、オクタヴィアと離婚しなければならない。だが、オクタヴィアと離婚することには、母のアグリッピーナが断固として反対したのである。アグリッピーナの言い分も、理由がないわけではなかった。ネロが皇帝に就任できたのは先帝クラウディウスの養子になったからであり、それをより確固たるものにするのが、先帝の娘オクタヴィアとの結婚であったのだから、離婚などは論外である、というのである。

だが、アグリッピーナは、ティベリウスの不快の因であった母の大アグリッピーナと似て、アウグストゥスの「血」を引く身であることだけを頼りに生きてきた女だった。そのアウグストゥスの死の二十三年後に生れたネロが、皇帝は「血」よりも「実力」だと考えるようになっていたのに気づかなかったのである。

母親の断固たる反対という壁をどう越えてよいかわからなくなったネロは、極端な

ネロの母・アグリッピーナ
（V・マラーノによるデッサン）

解決法に走ったのだった。

母親殺しの実行者には、能力はあったが人格は卑《いや》しい、ミセーノ海軍基地の長官を務めていた解放奴隷のアニケトスが選ばれた。アニケトスは、少年時代のネロの体育教師の一人で、その後もネロとは親しい。だが、その彼をアグリッピーナが重用しなかったことで、皇帝の母には怨念《おんねん》をいだいていた。

殺害は、偶然の事故に見せかける必要があった。アニケトスの進言を容《い》れて、秘《ひそ》かに、船底の一ヵ所をはずせば簡単に沈没する舟が造られた。ネロのほうは、母親との和解を宣伝してまわった。口うるさい母だが、どのような欠点があろうと母親は母親だ、と言いながら。

決行の日も決まった。職人の守護神になっていて、その日は職人たちも仕事を休むミネルヴァ女神祭の日である。カエサル暗殺の日ということでローマ人ならば誰知らぬ者もない「Idus Martiae《イドゥス・マルティアエ》」（三月十五日）の五日後というから、三月二十日になる。

その日、ナポリの西のミセーノ岬近くのバコリにある別邸で開くネロ主催の宴に母を招くのは、その日が女神ミネルヴァ（ギリシア語ではアテネ）を祭る日であることも理由になった。

星の美しい夜だった。親しみをこめ丁重に母をもてなす二十二歳の息子は、同席していたセネカとブルスにすれば、久方ぶりで眼にする安らかで美しい光景に映ったであろう。別邸から眺める海も、三月にしては珍しく波おだやかで、大きな銀盆に水を張ったかのようであった。

夜半すぎ、海伝いに近くにあるヴィラにもどる母親を、息子は別邸の舟着場まで送っていった。舟に乗りこむ母を、息子は、少年の頃のように愛情こめて抱擁した。

舟は、予定どおりに沈没したのである。ただ、アグリッピーナが、予定どおりに溺《おぼ》れてくれなかったのだ。

アグリッピーナは、カリグラ帝時代にヴェントーテネ島に流されていた一年間で、泳ぎの達人に一変していたのである。それに沈没の場所は、カリグラが船をつないで作ったにわか仕立ての渡しの上を騎馬で駆け抜けることもできたほど波静かな、ポッツォーリ湾の中である。また、その夜の海は特別におだやかで、波一つない鏡のようであったのだ。星が輝く紺青《こんじょう》の夜空の下を、皇帝の母は抜き手もあざやかに泳いだのにちがいない。夜の漁に出ていた漁夫の舟に拾いあげられたときも、声一つ乱さず、皇帝の母であることを告げ、舟を浜に着けるよう命じたという。

自分所有のヴィラに帰り着いたアグリッピーナは、海難事故が偶然でなく、息子が仕組んだことであるのに気づいていた。だが、それについては何も言わなかった。信用置ける召使の解放奴隷に手紙をもたせ、息子の許《もと》に送ったのである。手紙には、舟は沈没したが、わたしは肩に少し傷を負っただけで無事だから、心配の必要はない、と書かれてあった。

母の死の報を待って眠りもしないでいたネロは、この手紙を読んで仰天した。急ぎセネカとブルスを呼びに行かせ、二人にすべてを白状して、どうしたものか、と泣きついたのである。二人とも長い間、一言も言葉を発しなかった。だが、二人ともが、そしてネロも、アグリッピーナがすべてを察したと判断することでは一致した。アグリッピーナの性格を考えれば、何もなかった、では済まないことでも一致する。捨て置くことはできなかった。セネカは、近衛兵を送って殺させてはと言ったらしい。だが、ブルスが、ゲルマニクスの娘に剣を向けるような近衛軍団兵は一人もいない、と言ったので、この案は流れた。結局、失敗をつぐなわせるという理由で、アニケトスに再び実行役のお鉢がまわってきた。すでに、夜も白む時刻になっていた。

まず、大勢の召使の前にアグリッピーナの解放奴隷が呼び出され、アグリッピーナの命令で皇帝を殺そうとした不届者、と糾弾され、抗弁の言葉を発する前に殺された。解放奴隷でも短剣はもっている。その短剣が証拠品とされた。

その後、アニケトスは部下の一隊を従え、アグリッピーナのヴィラに向った。彼らは、到着するやヴィラを囲み、門を壊して侵入し、召使たちを追い出した。寝室で休んでいたアグリッピーナは、侵入してきた男たちを見ても乱れを見せなかった。寝床から起きあがりもしないで、息子からの見舞いならば、傷は回復したと息子に伝えよ、と言った。

アニケトスとその部下は、寝床を囲んだ。アグリッピーナも、すべてが終ったことを悟った。殺すなら、ネロが宿ったここを刺せ、と腹部を指し示した。その一瞬後、腹部だけでなく身体《からだ》全体に剣が集中した。

ポッツォーリからバイアやバコリを経てミセーノ岬に至る海岸地帯には、ローマの上流階級に属す人々のヴィラが軒を並べている。アグリッピーナの遺体は、夜を待って秘かに運び出され、早々に火葬にされ、勇気ある奴隷たちによって墓が作られ、その墓に埋葬された。皇帝の妹であり皇帝の妻であり、皇帝の母でもあった人のその墓を、ネロは一度も訪れなかった。

アグリッピーナ殺しは、セネカが苦労して、国家反逆罪による死という形にして公表された。元老院も一般市民も、心底では信じていなかったが、アグリッピーナには好感をもっていなかったので、信ずるフリはしたのである。

しかし、母親殺しは、理由が何であろうと、家族を重要視するローマ人にとっては、人間の道に反する大罪であった。ネロも、それは理解していた。元老院と市民の反応が怖《おそ》ろしく、しばらくは首都ローマに近づかなかったほどである。迷った末にようやく決心してローマにもどったが、市民たちが敵意を示すどころか歓迎したので、ほっと胸をなでおろしたのだった。

だが、オクタヴィアとの離婚、ポッペアとの再婚は、すぐには実行しなかった。オクタヴィアは、市民たちから同情されていた。また、子を生《な》さないということも、ローマでは離婚の理由にならなかった。そしてポッペアも、正妻になることを前提にしての愛人ならば承知したのかもしれない。アグリッピーナという障害物を取り除いた後も、この状態で三年間もつづくのだ。セネカの、人心を刺激するような行動はしばらくは見合わせるようにとの説得が、功を奏したのかもしれない。だが、母親を殺したことで心に大きな傷を負ったのは、誰よりもネロであったのだ。二十二歳のネロは、夜ごと亡霊に悩まされて眠れなくなった。

亡霊には、第三者にも見えるものと、当人にしか見えないものとがある。前者の典型は、ハムレットが見た父王の亡霊であり、後者の好例は、ブルータスが見たカエサルの亡霊である。ネロを悩ませたのは、後者のほうの亡霊であったろう。ネロのあげる叫び声に駆けつけた召使たちには、何も見えなかったのだから。元老院の席上、ネロは口では、帝国統治の野望実現のために解放奴隷を送って自分を殺させようとしたとして、亡《な》き母を非難した。議員たちも、納得したかのような顔つきでそれを聴いた。だが、ネロは、納得したような顔つきさえもできなかったのだろう。そのネロにとっては、妻との離婚よりも、愛人との再婚よりも、ネロ自身の精神の再建のほうが先決したのである。

スランプに陥っている人に対しては、根元にもどり、自分はほんとうには何をしたいのかを思い起してそれをやってみることだ、という忠告が与えられることが多い。ネロも、当時のローマの知識人同様、ギリシア文化が好きだった。だが、ネロ以外のローマ人は、ギリシア文化には造詣《ぞうけい》の深いセネカでさえも、ギリシア文化は愛好してもその精神までもローマに導入し、ローマ人の間に根づかせる必要は感じなかったのである。だが、ネロには、極端に走る性癖があった。心底からネロは、ギリシア文化を導入し根づかせることで、ローマを文化国家に変貌《へんぼう》させるべきだと考えたのである。

現代でも世界各地の美術館に散在するローマの皇帝たちの肖像の、おおよその時代区分をつけるのは簡単だ。ギリシア文化好きでは有名なハドリアヌス帝を境にして、それより前はひげなし、それ以後はひげを貯《たくわ》えた顔だからすぐにわかる。ソクラテスでもペリクレスでも、ギリシア人には豊かなひげを貯える風習があり、ローマ人にはそれがなかった。ローマの男たちは、ひげをきれいに剃《そ》るのは一人前の男の身だしなみと考えていたし、何よりも、哲学や美術や文芸面でのギリシア人は尊重しても、政治や軍事の面でのギリシア人は軽蔑《けいべつ》していたからである。そのギリシア人とは一線を画す気概の一つが、ひげをきれいに剃ることに示されていたのであった。

ハドリアヌス帝より前のひげなしの皇帝の中で、例外的にネロだけはひげを貯えている。だが、若かったためか、貯えるといっても豊かにはほど遠く、あごのまわりをおおうのがせいぜいというところ。それでも、ギリシア人のまねはしたかったのかもしれない。ただし、通貨に彫られた横顔を見ても、皇帝になった当初の頃のものにはひげがない。あごのまわりのちょろちょろにしてもひげありの肖像は、母殺しを決行した前後から現われてくるのである。ギリシア好みが表面に現われる時期とも、重なってくるのであった。

## 「ローマン・オリンピック」

紀元六〇年、母の死からは一年が過ぎていた。そしてその年は、一年を費やして準備してきたことを、首都ローマで実行に移す最初の年になった。

それは、公式には「Ludi quinquennali《ルーディ・クィンクエンナーリ》」（五年ごとの競技会）と名づけられたが、一般では「ネロ祭」の名で呼ばれた、ギリシアの「オリンピア競技会」の移植である。ただし、ネロは、ギリシアは好きだが新奇なことも好きときている。それで、四年ごとに開かれるオリンピアの競技会とは区別して、ローマでは五年ごとに開くとしたのだった。

紀元前七七六年に第一回が開催されたと言われる「オリンピア競技会」の競技種目は、現代のオリンピック競技会の陸上種目に、ボクシングとレスリング競技を加えたものと思ってよい。ただし、出場者は男のみ。現代のオリンピックの最終日を飾るのはマラソンだが、マラソンは近代オリンピックの創造だから古代にはない。その代わり、最終日に行われ観衆を最も熱狂させた競技は、四頭の馬を御しての戦車競走であった。

肉体一つで勝負できる競技とちがって、戦車競走に出場するのには金《かね》がかかる。それで、この競技には有名人の出場が多い。これも、人気の理由の一つであった。ソクラテスが生きていた時代に優勝したアテネの政治家アルキビアデスは、凱旋《がいせん》将軍でもあるかのように、祖国の市民たちから迎えられたものである。オリンピアでの優勝が、アルキビアデスのその後の政治キャリアにおおいに利したことを見ても、「オリンピック」での優勝者が英雄視されることでは、古代も現代もさして変りはないのである。

ロードス島に引退していた時代のティベリウスも、これに参加して優勝している。ネロには母方の祖父にあたるゲルマニクスも、月桂冠《げっけいかん》の栄誉に輝いた一人だった。だが、ローマの上層に属したこの二人でも、戦車競走に参加するためにギリシアのオリンピアに出向いたのである。皇帝になった後でもティベリウスは、それをローマに移植するなどは考えもしなかった。

反対にネロは、考え、しかも実行したのだ。ローマ帝国の男たちも古典ギリシアの男たちのように、肉体の鍛錬にはげむべきであり、五年ごとにその成果を公衆の前で披露すべきであると考えたのであった。

しかもネロは、体育の競技だけでなく、詩文や音楽の才も競う場を併設してこそ、ギリシア文化の移植も完璧《かんぺき》になると考えた。一般のローマ人もギリシア文化のエッセンスである詩と音楽に馴《な》じませることで、ローマ帝国の文化国家化を目指したのだ。彼自身も、政治や軍事よりも、詩や音楽のほうが好きだった。そして、才能もあると信じていた。愛好者と創造者は必ずしもイコールにはならないが、ネロも多くの愛好者同様に、イコールになると思っていたのだろう。ただし、文化国家を唱え、熱心に文化の移植や交流に取り組むのには、愛好者のほうが適しているのである。

意訳すれば、ネロによるこの「ローマン・オリンピック」は、盛況のうちに終わった。大衆が「ネロ祭」と呼んだように、首都ローマにある公共施設のすべてを使った、大々的なお祭りであったからだ。大競技場《チルクス・マクシムス》、ヴァティカンの競技場、ポンペイウス劇場にマルケルス劇場にバルブス劇場という具合で、ローマ全体が会場になり、入場はすべて無料。しかも、プロには出場権はなくアマチュアばかりで、それはそれなりに愉《たの》しかったのである。また、ネロは、会場を盛りあげるために、直訳すれば「皇帝団《アウグスティアーニ》」となる応援団まで組織していた。お祭りの目的は、完全に果せたのである。

しかし、ローマ人に、競技はそれ自体で美であることに目覚めさせ、それには日々の肉体の鍛錬が欠かせないことまで自覚させる目的のほうは、効果薄で終った。ネロは、体育館と訳してもよいと思われる「ギムナジウム」を建てさせたが、来館者は青少年だけで、成熟した男にまで足を向けさせることには失敗した。それではとネロは、人寄せのために、ギムナジウムのすぐ近くにローマ式の浴場、入浴設備にかぎらずマッサージ室もゲーム室も完備している浴場まで建てさせた。だが、大人の男たちは浴場には来たが、体育館のほうには見向きもしなかった。ローマ人にとっての肉体訓練とは、大人になるまでの肉体を作るためで、大人になって以後も熱中するものではなかったのである。

結局、オリンピア競技会に対抗してローマ競技会になるはずだった「ネロ祭」は、この五年後にもう一度開催されただけで、ネロの死とともに忘れ去られてしまう。ギムナジウム（ギリシア語ではギムナジオン）のほうも同じ運命をたどり、壊されて他の建物にとって代わられた。浴場のほうは、その後も長く残ったのだが。

それに加えて興味深いのは、ネロがギリシア的な美に傾倒していくのと比例するかのように、ネロ自身の肉体が醜く変っていくことである。

十七歳で皇帝になった当時のネロは、ポチャポチャした可愛《かわい》い顔をしていた。だが、通貨に彫られた横顔は、年を経るにつれて肥えてくる。「ネロ祭」の当時のネロは、まだ二十二、三歳にすぎない。それなのに、首の肥《ふと》り具合だけでも普通ではない。肉体の鍛錬が必要なのは誰よりもネロではないかと、ローマ市民の中には思った人もいたのではないか。

しかし、若いのにこうも異常に肥るのは、体質が原因であったにちがいない。そのうえネロは、肉体の美などには無関係でいられる政治に専念するよりも、つまりローマ的であるよりも、肉体の美をいやでも重視せざるをえないことのほうに、つまりギリシア的なことのほうに情熱を傾けてしまったのだ。私は、ときに考える。このように矛盾し屈折した精神のバランスをとるのは、非常にむずかしい作業ではなかったか、と。

肥ったネロ

「ネロ祭」の翌年の紀元六一年、ローマ帝国の辺境は久方ぶりに騒然となった。ブリタニア人が反ローマで総決起したのである。そしてもう一つは、あいも変らずのアルメニア・パルティア問題であった。ただし、騒然となってもそれは帝国の西端と東端でのことで、帝国全体の「平和《パクス》」ならばびくともしていない。だがネロは、ローマ帝国全体の安全保障の最高責任者である。その責務を果してこそ、「皇帝《インペラトール》」と呼ばれる資格をもつ。一般市民にはそのようなことには無関心な日々を送ることは許されても、皇帝には許されない。応急処置は現場の指揮官の任務だが、根本的な解決策を考えるのは皇帝の仕事だった。

結論を先に述べれば、この二問題に対する二十四歳の皇帝の処置は、ブリタニアでは適切だったが、アルメニア・パルティア問題では誤ったのである。だが、後者に対するネロの失策は、決定的なものにはならなかった。解決にはさらなる歳月とコルブロの出場を必要としたが、最終的にはネロの外政の成功例として遺《のこ》ったからである。

## ブリタニア問題

他国を侵略し、略奪と暴行をほしいままにした後で引きあげる強盗タイプの軍事行動ならば、一時的なもので終わる。だが、他国に進攻してその地を占領するだけでなく、その地とそこの住民を自分たちの世界に組み入れることを目的にした軍事行動となると、そうは簡単にはすまない。

まず、軍事力を使っての制覇行は、可能なかぎり短期間に終えることが望ましい。征服された側がいだく敵意が、戦争状態が長びくことで増幅するのを防ぐためである。それには、大軍を一時に投入して、早々にことを決するべきなのだ。少数の軍勢を派遣してゆっくりと制覇行を進めるのは、攻める側にとっても攻められる側にとっても望ましくない。悪事を働かねばならない場合は一気にやるべしと、マキアヴェッリも言っている。他民族侵略という悪行《あくぎょう》は短期に済ませ、戦後処理を充分にしたほうが、征服者にとっても被征服者にとっても好都合、ということだ。ここでは、侵略は何であろうといけないという、理想主義は排す。歴史は、侵略の歴史でもある。つまり、人間の悪業《あくごう》の歴史でもある。これが人間性の現実ならば、悪事による弊害をいかにして少なくするか、にも、人間の知恵を働かせる場所はある。

ローマ人の行った「悪行」の中での成功例の第一は、ユリウス・カエサルによるガリア侵略である。彼は、元老院の決定を待っていては時間を空費するのみと考え、借金までして自費で編成した十個軍団を使って、八年間で全ガリアの制覇を成しとげた。彼の時代には、軍団《レジョナリス》には必ず付く補助隊《アウジリアリス》の制度はない。ゆえに十個軍団は、六万の兵力を意味する。ガリア戦役中の死傷者を差し引いたとして、実数は五万前後であったろう。だが、歴史上でも屈指の名将カエサルが指揮する精鋭集団。しかも、八年間で制覇したガリアの戦後処理に、さらに一年以上を費やしている。彼による戦後処理の骨子は、報復行為なし、既存の支配階層も部族の別も温存し、しかも征服者ローマ人と同じローマ市民権を与え、部族内部での自治さえも認める。征服者の言語であるラテン語を強制せず、風俗習慣も以前のとおり。それでいて、ガリア民族を、彼らの脅威であったゲルマン民族から守るのはローマの役割。属州税も関税も、後進地方ゆえにしばらくは、他の属州と比べても低く押さえることで、経済力の向上を期す。

ガリアがローマ統治の優等生と言われるのは、ガリア民族に独立心が希薄だったからではない。ローマ世界に組みこまれても、不都合は少なかったからである。歴史家モムゼンは、ガリア人は、自分たちのことをガリア人と言わず、ローマ人と言っていた、と書いている。ガリアのローマ化の成功は、カエサルの「一気にやった悪事と充分に考慮しての善事」の産物であったのだった。

それなのに、ローマ人はブリタニアでは、ガリアとはまったく反対のことを行ったのである。それはおそらく、ブリタニア征服を決めたクラウディウス帝の、軍事上の

無知に原因があったのにちがいない。

ブリタニアでは、当初は四個軍団を投入していたのがまもなく三個軍団に減り、その後の征服行は、二個軍団でつづけられた。補助兵制度のおかげで、二個軍団一万二千でも兵数ならばこの二倍近くにはなったろうが、それでも二万である。精鋭ならば、一万を切っていた、と考えるほうが現実的だ。カエサルの五万とは、大変なちがいである。このちがいは、ガリアの制覇行に要した期間は八年であったのに対し、ブリタニア征服開始の年からは十八年が過ぎているのにまだ終らない、という結果に示されていた。これは、前線の指揮官に帰せられる問題ではなく、ローマの皇帝に待つしかない戦略の問題であった。

まるで現代の官僚人事のように二、三年で交代する司令官にできたことは、少しずつ征服地を広げ、征服終った地には、満期除隊兵を入植させての植民都市《コローニア》化と従来の町の地方自治体《ムニチピア》化で属州統治の「核」をつくり、それらをローマ式の街道で結ぶ作業を進めるしかなかったろう。このやり方自体は、伝統的なローマのやり方だから悪くない。ただし、その作業に要した時間が長すぎたのである。

紀元六一年にこのブリタニアで勃発《ぼっぱつ》した反ローマの総決起は、未制覇の地で起こったのではなかった。制覇が終り、ローマとは友好関係を樹立していたはずの地方で起

こったのである。ゆえにこれは、ローマによるブリタニア統治の失敗を示す以外の何ものでもなかった。

総決起したブリタニア人の頭目は、女だった。ローマとははじめから友好関係を結んでいた部族の長の未亡人で、ブディッカという名の女人である。総決起は、彼女の主導ではじまったのではなく、彼女は単にトップに祭りあげられたにすぎなかったようだが、トップにされるだけの理由はあった。ブディッカの二人の娘が、ローマ人に強姦されたのである。

カエサルだってガリア戦役中に、レイプではなかったにしろ敗者側の女たちとの間に同じようなことはしていたのである。だがなぜか、それに憤慨した被征服民が反ローマで決起するようなことはなかった。カエサルがこの種の関係を秘密にせず、娘の親にはローマ市民権を与え（支配層に属していたからだろうが）、さらに彼自身の家門名ユリウスまで与えたりして、〝つぐない〟はちゃんと果したからである。カエサルの時代からは一世紀以上も過ぎたネロの治世中にさえ、カエサルの落とし子の子孫であると称する、名まで同じガイウス・ユリウスというゲルマン人の部族長が登場するのには笑ってしまうが、いかに各地で種をまいても、双方ともが満足するのであれ

ば問題にはならない。ブリタニアでは、そうではなかったから問題化したのである。

しかし、これはあくまでも旗印であって、真因は別にあった。

第一に、いまだ征服の途上であるがために、敗れてローマ下に入ったブリタニア人に対しても、必要以上に征服者として振舞ったことがあげられる。無理もない。昨日の敵でも、いつ今日の敵と組んで再び敵にまわるやもしれぬ相手を、味方として遇することはむずかしい。長期化した制覇行の欠陥が、ここにも現われていた。

第二は、カネの問題である。一〇パーセントの属州税が高すぎるのではない。その税を払うにはしばしば借金に頼るしかなくなるが、その金利が高すぎたのである。本国イタリアでは最高一二パーセントと金利の上限が法律で決まっていたが、属州ではそれが野放しだった。そして、後進地帯のブリタニアではとくに、金融業者といえばローマ人だった。

共和政末期にかのブルータスが属州で四八パーセントもの高利で金を貸しているのに憤慨したキケロの手紙が残っているが、制覇途上のブリタニアでも、この種の高利貸しが横行したのにちがいない。制覇途上とて、金を貸すにもリスクが伴う。リスクが高いほど金利も高くなるのは、経済の論理である。これにブレーキをかけることこそが、政治である「戦後処理」の重要事の一つだが、いずれも前線で指揮したことの

ないクラウディウス帝もネロ帝も、この種のことの重要さに気づかなかったのであろう。ネロの補佐官のセネカが巨富を貯《たくわ》えたのも、ブリタニアに高利で投資した結果と言われていた。皇帝第一の側近がこれでは、経済の論理にブレーキをかけるなど夢物語である。

ブレーキがないのをよいことにブリタニアで暴利をむさぼっていたのが、ローマ市民権をもつ金融業者たちであった。ブリタニア人の怒りが、金融業者にとどまらず、ローマ人全体に向けられたのも当然だ。ローマ人はブリタニア人を、搾取《さくしゅ》の対象としか見ていない、と思うようになれば、そのローマ人と友好関係を樹立していることさえ、後悔の種に変る。そして、ちょうどその時期、ブリタニア属州総督の任にあったスヴェトニウス（『皇帝伝』の著者とは別人）が、ブリタニア駐屯のローマ軍の半ばを率いて、モーナ島（現アングルシー島）にこもるドゥルイデス教の祭司と信徒の一掃作戦に遠征中であったという、不幸も重なった。

決起したブリタニア人は、現コルチェスターに入植していたローマの退役兵を襲った。この人々を血祭りにあげたことで強気になった反乱側は、出動してきたローマの一個軍団を壊滅させるまでの戦果をあげる。ブリタニア属州の首都とされていたコル

チェスターが敵に奪われたのに加えて一個軍団の壊滅という惨状は、ローマ側の指揮官に平静心を失わせた。至急もどれとの救援要請を送っておきながら、スヴェトニウスがアングルシー島からとって返すまで待たなかったのだ。軍団長も皇帝財務官も、ドーヴァー海峡を越えてガリアに逃げてしまった。

ローマ側の軍事力の空白で、決起側の怒りの爆発をとどめるものは何もなくなった。ローマ人に限らず、ローマ人と友好関係にあったブリタニア人までが、女子供に至るまで殺された。この時期に殺された人の総数は、七万人におよんだという。捕虜にして奴隷に売る習慣はブリタニア人にはなかったので、降伏した者は誰でも殺したからである。

総督スヴェトニウスが使えた兵力は、一万前後でしかなかった。ガリアにはローマは軍団を常駐させていないから、援軍を待つにしても、ライン河からか、スペインから来るのを待つしかない。その余裕は、この状況ではなかった。スヴェトニウスは、いまだ未開の民であるブリタニア人には不得意の、しかしローマ軍には戦術を駆使できるがゆえにこれ以上の得意はない、平原に布陣しての正面きっての会戦で勝負することに決めたのである。

結果は、歴史家タキトゥスが、「昔の武将たちの後裔《こうえい》にふさわしい」と評したほどの戦果で終った。八万以上の敵兵の死体で、戦場を埋めつくしたのだ。味方の損失は、ないに等しかった。これで、応急処置はひとまずは終った。ローマのネロの、ここからが出番である。

ネロはまず、ライン河防衛担当の軍勢の中から、二千の軍団兵と八個大隊の補助兵と一千の騎兵を割き、ブリタニアへ移動させるよう命じた。総計、一万一千兵かと思われる。壊滅した一個軍団の補充のためである。そして同時に、ブリタニアの現状視察に、解放奴隷のポリクレトスを派遣した。元奴隷の特使の到着は、ローマ側についていたブリタニア人の失笑の的になったが、ポリクレトスは有能な視察官だった。この彼の報告をもとにして、ネロはブリタニアのローマ統治を大幅に改めたのである。

改革の詳細は明らかでない。だが、報復措置がまったくなされなかったことだけははっきりしている。そしてこれを機に、征服者であるローマ人の被征服者ブリタニア人に対する態度は、百八十度転換したのである。さらにネロは、総督スヴェトニウスを本国に呼びもどし、ペトロニウスを新総督としてブリタニアに送った。絶望的な状況下でも健闘したスヴェトニウスには気の毒でも、ローマの統治が変ったことをブリタニア人に印象づけるには、人の交代が最も効果的であったからである。

これ以降、実に四百年もの間、ブリタニア人による本格的なローマへの反抗は、まったくと言ってよいくらいに起こらなくなる。もちろん、ローマによる制覇行は終ったわけではない。だが、現イングランドと現ウェールズ地方に限ったとしても、ブリタニア人もまた、「パクス・ロマーナ」をモットーとするローマ世界に組みこまれていくのである。そして、ドゥルイデス教に象徴されるケルト文明は、この時期からはブリタニアからも追い出されてアイルランドに逃げ、彼《か》の地で生きのびていくことになる。イギリスとアイルランドは、プロテスタントとカトリックで分れるずっと以前に、ローマ世界と非ローマ世界で分れていたのだった。

## アルメニア・パルティア問題

ブリタニア統治政策では適切に対応できたネロだが、アルメニア・パルティア問題への対処となると、合格点はあげにくい。それはおそらく、この二問題が、質的にはちがうものであったからだと思う。ブリタニア問題は帝国の一地域の統治上のことであるのに反し、アルメニア・パルティア問題は、帝国全体の安全保障上の問題であったからである。

案の定、と言うべきか、落下傘《らっかさん》降下のような感じでローマがアルメニアの王位に就けたティグラネスだが、一年も過ぎないうちに適切な人事ではなかったことが明らかになっていた。アルメニアがパルティアに奪回されるかそれともローマ側にありつづけるかは、ローマ帝国の東方の防衛システムの機能を左右する。また、アルメニア問題の処置如何《いかん》では、パルティアとの全面戦争に突入する危険もあった。この問題の解決を迫られたネロの前には、三つの選択肢があった。

㈠他に適当な候補者がいない以上、ローマの軍事力によって、あくまでもティグラネスの王位を守《も》り立てる。

㈡アルメニア王国の二つの首都ともがローマ下に陥《お》ちた今、いっそのこと、問題の絶えないアルメニア王国をローマの属州にしてしまう。

㈢シリア総督コルブロの考えを容《い》れて、ローマ皇帝への臣従誓約をすることを条件に、パルティア王の弟ティリダテスのアルメニア王就任を認める。

㈠を採用した場合の不安材料は、どうやら平凡な人物であったらしいティグラネスの能力にあった。

㈡を採った場合だが、ローマの直接統治を意味する属州化は、アルメニアでは相当な難事になることが予想された。未開の民の王国であるトラキア王国を属州化したのとは、問題がちがう。アルメニア王国は、ペルシア文明圏に属す文明国である。ローマは文明度の高い地方を属州化するときには、大幅な自治権を与える。もともとがパルティア寄りのアルメニアに、ギリシアやシリアのギリシア系都市並みの大幅な自治権を与えては、ローマの属州化が名だけで終る危険があった。

㈢を採用する勇気は、ネロにはもてなかった。初代皇帝アウグストゥスの政策を、百八十度転換することになるからである。パルティアとの友好関係の持続には、㈢の案が有効であることはわかっていた。しかし、パルティア王の弟のアルメニア王就任を認めるのはローマの権威の失墜だと、元老院や市民から糾弾されることが怖《おそ》ろしかったのである。

選択を迫られたネロにとって、判断を助ける材料はいくつかあった。

(A)アルメニアの上層部は、伝統的にパルティア・シンパとローマ・シンパに二分されており、首都二つを攻略した今、勢いづいているローマ・シンパの人々を頼りにできること。

(B)首都とは、国家にとっての重要拠点である。その要所二つともを手中にしたことで、ローマの軍事上の有利は明らかであること。

(C)市民の大勢は、ローマの領土の拡大につながるアルメニアの属州化のほうを求めていること。
結局ネロは、(一)にもなりえ(二)にもなりうる策を採用したのである。ティグラネスの王位守り立てが成功すればそれでよし、成功しなければ属州化する、というわけだ。だがこれで、パルティアとの全面衝突の可能性は、増大どころか確実なことになってしまった。

この決定を告げられたコルブロからは、ローマのネロに、アルメニア戦線のみを担当する司令官派遣の必要を説いた進言が送られてきた。ネロは、それは受け容れた。司令官には、軍事解決派のペトゥスが任命された。
紀元六二年はじめに着任したペトゥスには、ネロの命令で、ライン河から移動してくる二個軍団を加えた三個軍団が与えられる。補助兵と同盟諸国からの参加兵を合わせれば、三万を越える軍勢になる。一方のコルブロは、同じく三個軍団の兵力で、シリア属州総督の任務に徹することになった。つまり、ユーフラテス河以西の防衛を完《かん》璧《ぺき》にし、パルティア軍の西方への進攻に待ったをかけるのが任務だ。コルブロは、ユーフラテス河の西岸地帯に連なる要塞《ようさい》を強化することに専念する。この地域のローマ側の防衛線は、これで鉄壁に変った。この戦略は、軍事力を二分しての二方面からのパルティア勢囲いこみになるので、合理的であり適切であるかのように見えた。

しかし、パルティア王自らの出陣が確実視されている以上、この地帯のローマの防御が鉄壁であれば、王が自ら率いるパルティア本軍の矛先が、鉄壁である西方を避け、ペトゥス率いる軍が集結中の北西に向けられるのは眼に見えている。とくにパルティア王ヴォロゲセスの本意は、ローマとの戦争にはなく、妾腹《しょうふく》の自分にパルティア王位をゆずってくれた弟のティリダテスに、アルメニア王位を確保してやることにあったのである。目的でも何でもない〝鉄壁〟に、わざと頭をぶつける馬鹿はいない。

一兵も指揮したことのない私でも想像がつくのだから、この時代の最高の武将であったコルブロに予測できなかったはずはない。コルブロは結果がどうなるかを知っていて、ペトゥスのお手並拝見のつもりでいたのか。人間には、自ら体験しないと、つまり身にしみないと、理解できない人が多いのである。

だがこの時期、ローマ人のほとんどは、ペトゥスがパルティア軍相手に勝ち、アルメニアが名実ともにローマのものになるのを、まるですでに成ったことでもあるかのように疑いもしなかった。民衆は常に、景気の良い話のほうを好む。紀元六二年当時のローマにもしも世論調査があったら、この時期の皇帝ネロの支持率は高率を記録していただろう。ときに奇矯な振舞いで市民たちを驚かせ呆《あき》れ返らせる若き皇帝だが、ブリタニア問題に示された適切な処置や、アルメニア・パルティア問題に示された果断な対応は、帝国統治の最高責任者の資格充分と、市民たちに思わせたからである。最高責任者の責務を果たすかぎり、ちょっとした奇矯な行動も笑いの種にすぎなかった。

首都ローマに水を供給する水道は、それぞれがそれぞれの水源をもつ。水源は湧《わ》き水のたまる池であるのが普通で、ローマ人はその池を神聖なものとし、泳いだりすることは禁止されていた。神聖な池だからというのは建前であって、飲料水の純度を維持するためであったのはもちろんだ。

ところがこの池で、ネロは泳いでしまったのである。泳ぎはしたが、湧き水だから冷たい。その夜ネロは、高熱を出してぶっ倒れてしまった。数日後には嘘《うそ》のように元気になったが、首都ローマの住民たちは呆れ返ったのである。ネロもこれには懲《こ》りて二度とくり返さなかったので、市民たちは怒るよりも、若気の至りだとしてかえって好感をいだいたのだった。

しかし、高支持率とはしばしば、落とし穴につながりやすい。だからこそ常にも増した自己コントロールが必要になるのだが、自己制御はネロが最も不得手とした分野であった。しかもこの時期、二十五歳のネロは、私利私欲には無関係に彼に直言できた二人の人物を失ったのである。

## セネカ退場

まずはじめに、近衛軍団の長官として、身近なところからネロを守り立ててきたブルスが病死した。この死もネロの命じたことだとする説が後代になって広まるが、史家たちの記す病状からして、喉頭癌《こうとうがん》ではなかったかと思われる。だが、ブルスの死は、セネカに引退を決意させた。

セネカと同じく文筆で名を成した歴史家のタキトゥスですら、「ブルスの死は、セネカの権力の衰退を決定した」と書く。

しかし、文筆で成功し元老院議員であったことでも同じだが、さして重要でない属州勤務の経験しかないタキトゥスと、皇帝の補佐役を務めて国政の重要事にかかわったセネカとでは、政治への参加の深度がまったくちがう。帝国の中枢《ちゅうすう》に深く関与したがゆえになおのこと、セネカには、知識人の発揮できる影響力の限界がはっきりとわかっていたのだと思う。

知識人が知識人でいるかぎり、実際の権力は何もない。影響を与えることならばできる。だがその影響力も、影響を受け容《い》れる人がいなければ発揮できない。作家は、読者がいなければ成り立たないのである。

哲学者で悲劇作家でもあったセネカは、ネロが十二歳であった年からの十四年もの歳月、ネロのそば近く仕えてきた。はじめの六年は教師として、それに次ぐ八年は補佐役として。とはいえ、ネロが皇帝になってからの歳月のすべてに、セネカは影響力を振るえたわけではなかった。トライアヌス帝は「はじめの五年間」と言っているが、私には、ネロの自立はもっと前からはじまっていたように思われる。ネロの自立心の旺盛《おうせい》さを母のアグリッピーナはついに理解しなかったが、セネカは早くから気づいていたにちがいない。つまり、「作家」セネカは、「読者ネロ」が年が過ぎるにつれて自分のほうを向かなくなった事実を、直視するしかなかったのである。

だが、タキトゥスの言う「セネカの権力」は、それでもまだ強かった。広大なローマ帝国の統治の最高責任者であることは、貴族的なティベリウス帝にさえときにグチを吐かせ、クラウディウス帝を消耗させたほどの重荷である。政治や軍事よりは音楽や詩のほうを好んだネロでは、他人まかせにする分野が多い。セネカがそれを代行してきたのである。ネロ立案という形をとった、元老院の支持獲得を目的にした多くの法案が、それを実証している。そして、この種の「権力」の発揮が可能であったのは、皇帝ネロが認めていたからだが、同時に、ブルスの支持があったからだった。

セネカは、いかに教養で群を抜いていようと、属州スペインの生れであり、ローマの名門貴族には付きものの、親代々の「クリエンテス」ももっていない。クリエンテスとは、後援会のような存在である。一匹狼《おおかみ》でも声高らかに吠《ほ》えることができたのも、本国イタリア駐屯の唯一《ゆいいつ》の軍事力である、近衛軍団一万の兵力を左右できたブルスが睨《にら》みを利《き》かしていたからであった。

権力をもてば、それがどのようなたぐいの権力であろうと、権力をもたない側からの非難を浴びずにはすまない。しかも権力者への非難とは、なぜかその権力者に弱みが見えたとたんに、集中攻撃してくるものでもある。ブルスの死の前ですらセネカへの非難が起りはじめていたのは、ネロがセネカの影響力から脱しつつあったことを、元老院が見抜いたからにちがいない。ブリタニアに高利で金を貸していたのはセネカ一人ではなかったのに、セネカはその代表のように非難され、ブリタニアでの反乱の責任者ででもあるかのように糾弾されたのである。そしてこの状況下での、ブルスの死。セネカは、足もとの土が崩れはじめたのを知った。それでもネロにしがみついて一匹狼の惨《みじ》めな末路を演ずるのは、知識人セネカの感性に反した。引退して一私人にもどり、著作活動を再開するほうを選んだのである。年齢も、六十代の後半に入っていた。

現代の研究者の中には、セネカは知識人であるだけにネロの悪政に耐えられなく、ブルスの死を契機に引退したのだ、とする人がいる。このような推測をする人は、知識人が何たるかをわかっていない。知識人とは、「知」を探求するだけでなく、「知」で勝負する生き方を選んだ人である。勝負なのだから、負けとわかった場合は、ひとまずにしても引き退《さが》るのが当然だ。

それに、この時期までのネロの統治は、戦略の無知による失策や思いこみから突っ走ったあげくの「ローマン・オリンピック」のような例はあっても、悪政とは言えない。元老院議員たちによる陰謀も起きていないし、市民も不満の声をあげていないし、辺境防衛の諸軍団に皇帝への忠誠を拒否する動きも出ていない。現代の知識人が考えるよりはよほどタフな知識人であったセネカの引退は、自らが拠《よ》って立つ地盤の崩壊を悟ったがゆえの決断であったと確信する。

タキトゥス著の『年代記』には、師と弟子の告別の場面の叙述がある。要約すれば、自分の役割は終ったから一私人にもどると告げるセネカに、ネロは、これまでの奉仕に感謝し師の余生の安らかなることをねがう言葉で答える。この会話の真偽は別として、もし真だとしてもこれは芝居だ。セネカには引退の理由を、ネロに告げる形で公にしたいという気持があったろうし、ネロのほうにも、長年の関係を切るには何らかの態度表明があって当然だった。六十六歳の師と二十五歳の弟子は、おだやかな形で別れたのである。

だがこれで、もともとからして自己制御の能力に劣るネロに、直言できる人はいなくなった。しかもこの時期のネロは、ブリタニア問題の早期解決と、アルメニア・パルティア問題への積極的な軍事介入を決定したことで、市民からの支持ならば頂点に達していたのだ。

ブルスが死にセネカが引退してまもなく、ネロは妻のオクタヴィアを離婚した。そしてすぐ、愛人だったポッペアと結婚した。しかもオクタヴィアに対しては、離婚しただけでなく流刑《るけい》に処し、島流しにしただけでなく殺させてしまった。殺させたのは、オクタヴィアに同情していた一般市民が離婚に憤慨し、オクタヴィア支持のデモに訴えたのに、ネロが怖《おそ》れをなしたからだという。いずれにしても、これでネロは、母殺しに加えて妻殺しの汚名まで浴びることになった。

しかし、何一つ罪を犯していない妻を殺したこの事件は、汚名を浴びるだけではすまなかった。皇帝としてのネロの権威と権力は、先帝クラウディウスの養子になり、その娘オクタヴィアとの間に子をもうけるという前提でオクタヴィアと結婚することで、正当性を獲得しているのである。いまだ子ももうけないうちにオクタヴィアを離婚しては、その正当性を欠くことになってしまう。アグリッピーナが反対したのもこの理由によったからだが、アウグストゥスの定めた「血の継続」システムを奉ずるかぎり、アグリッピーナの反対論のほうが正しかった。しかもネロは、アウグストゥスの血が自分にも流れていることの証明であったアグリッピーナも殺している。ネロの皇帝としての正当性は、ますます希薄になっていたのだ。正式に皇帝の妃になったポッペアは、市民たちから嫌われていた。アグリッピーナのような野心家ではなかったが、贅沢《ぜいたく》には眼がなかったからである。だが、このような不祥事は、すべてが順調に進んでいるうちは表面には出てこない。が、不都合が起こるやいなや火を噴く性質をもつ。惚《ほ》れこんだ女とようやく結婚できて喜色満面であったネロは、爆弾をかかえこんでしまったことに気づかなかった。

二十五歳になっていたネロには、「血」の後ろだてがなくても「実力」で勝負する自信があったのだろう。だがこれは、元老院も市民も軍団も、皇帝ネロの実力による成果を、より厳正に採点するようになるということであった。

## ローマ軍の降伏

東方に着任したペトゥスは、配下の全軍勢を、ネロの命令に従ってアルメニアに投入した。だが、軍勢を二分したことと、兵糧《ひようろう》補給路の確保を怠るという誤りを犯していた。それでもローマ軍の進攻は順調に進んだので、この年の末にローマに届いたペトゥスからの報告は、まるでアルメニア全土の制覇は完了したかのような楽観的な内容のものだった。それを信じたネロは、対パルティアの戦勝を祝う記念碑の建設を命じた。

しかし、ペトゥスからネロへの報告がいまだ地中海を西に向っている間に、情況は一変していたのである。王自らが率いるパルティア軍が、ペトゥス率いるローマ軍に襲いかかってきたからだ。しかもペトゥスの手許《てもと》には、軍勢を二分していたために二個軍団を欠く兵力しかなかった。

ローマは、つまりはネロは、紀元五五年のときと同じく紀元六二年にも再び、帝国東方での指揮系統を二分するという誤りを犯したのである。ペトゥスとコルブロの地位と権限には上下はなかった。二人に与えられた兵力も同程度の規模。これでは、有機的な機能を第一としなければならない戦略は成立しえない。しかもペトゥスは、配下の軍勢をどう活用するかの考えもなく、さらに二分していたのだ。パルティア王がそこを突いたのは、当り前以上に当り前だった。ペトゥス率いる軍勢は、それでもパルティア軍に立ち向ったが敗北を喫し、兵糧も充分でない冬営地に逃げこんだ。だがそこも、敵軍に包囲されてしまった。しかもパルティア王は、ただ囲んだだけでなく、激しく攻め立てた。ペトゥスはコルブロに、至急の救援を乞《こ》う手紙をもたせた急使を送った。

友軍の危機を知ったコルブロは、彼もまた自軍を二手に分けた。だが彼の場合は、一貫した戦略にそった二分である。まず、軍勢の半ばには、ユーフラテス河という帝国の防衛線の死守を命じただけでなく、舟をつなげた橋を造らせ、さらに東岸のパルティア側にも要塞《ようさい》を築かせ、命令がありしだいパルティア本国に進攻できる態勢を整えた。同時に、多量の兵糧の準備がはじまった。敵地に、しかも冬の近づく季節に遠征するのである。「ローマ軍は兵站《ロジスティクス》で勝つ」と言われたものだが、属州の出身であるコルブロのほうが本国出身のペトゥスよりも、よほどローマ軍の伝統に忠実な司令官であった。集められた多量の小麦は、多数のらくだの背に積まれた。そして、コルブロ率いるローマ軍は、シリアから一路、小アジアの東側を北上してアルメニアに向った。

ここが古代から史家たちの間で意見の分れるところなのだが、故意にコルブロは救援行を遅らせたとする説がある。だが、コルブロには好意的なタキトゥスの筆にかかると、目標はアルメニア征服よりも包囲されている友軍の救援だと言って叱咤《しった》激励するコルブロを先頭にして、昼夜兼行の強行軍で北上したとなる。それにしても、ペトゥスはコルブロの接近を知らなかった。コルブロの送った伝令が、パルティア軍に捕えられでもして、目的を達せなかったのかもしれない。いずれにしろ、敵に囲まれていたペトゥスは、あきらめるのが早すぎたのは事実だった。パルティア王に降伏を申し送り、王はそれを受けたのである。その日は、あと三日すれば、コルブロ軍が到着できた日であった。

パルティア王ヴォロゲセスは、思わぬ贈り物を受けた気分であったろう。戦闘とは呼べない規模の戦いであろうと、ローマに対するパルティアの連戦連勝の記録を塗りかえたのである。降伏したペトゥス軍に対しての寛大な処置が、王のこの気分を反映していた。それに、もともとからしてヴォロゲセスには、ローマと正面きって戦う気がなかった。

ペトゥス下の軍勢は、武装解除も要求されなかった。ただし、ローマ軍団が誇る土木事業の能力は早速活用され、ユーフラテス河の上流に橋をかけることは要求された。パルティア側の出した条件は、アルメニア領土内からのローマ軍の完全撤退である。ペトゥスは、受け容《い》れるしかなかった。

南西に撤退してきたペトゥス軍と北上中のコルブロ軍は、ユーフラテス河の岸辺で出会った。ローマ軍団兵が橋をかけさせられた地帯からは、少しばかり下流に下ったところである。恥辱の想いで表情を固くしたペトゥス軍の兵士たちに、同情の涙を流しながらコルブロ軍の兵士たちは駆け寄り、抱擁して不幸をなぐさめた。

兵士たちとはちがって、司令官同士の再会は短く、冷ややかな雰囲気のうちに終始した。

コルブロは、軍事面での優勢が保持されている状態でパルティア王との平和協定にもって行こうとしていたのが、今回の敗北でフイになった、と苦情を言った。これに対してペトゥスは、パルティア王はいつまでもアルメニアに居つづけるわけにはいかないから、それを待って攻めこめば再びアルメニアはローマのものになる、だから情況は何ら変っていない、と抗弁した。

それをコルブロは、冷たい口調でしりぞけた。わたしはネロから、アルメニア進攻の命令は受けていない。わたしの任務は、シリア属州の防衛であって、ここまで来たのは友軍の危機を見過せなかったからだ。それにこの辺りは、敵が主力にしている騎兵に有利な地勢。無事にここまで来られただけでも、幸運とするしかない。

これで、司令官二人の会見は終った。ペトゥスは、自軍を連れてカッパドキアへ、コルブロも自軍を率いて、シリアにとって返した。

シリア属州の首都のアンティオキアにもどってまもなく、コルブロの許にパルティア王からの使節が訪れた。使節は、王ヴォロゲセスからの、ユーフラテス河の東岸部にコルブロが築かせた要塞を撤去し、橋を破壊するようにとの要求を告げた。

コルブロは、その使者に答えた。アルメニア領内からのパルティア軍の完全撤退を実行するならば、ユーフラテス東岸の要塞も橋も撤去しよう。

パルティア王は、これを受けたのである。パルティア領とされているユーフラテス河の東岸にローマ側の要塞があることは、喉元《のどもと》に剣を突きつけられているのと同じだった。その剣をもつのはコルブロである。シリア属州総督コルブロには、防衛責任があるだけであって、ユーフラテスを越えて攻めこむ権限はない。だが、パルティア人との衝突とか、口実はいくらでも作れた。そして、コルブロならばやりかねないと、パルティア王は判断したのである。パルティア王ヴォロゲセスには、妾腹《しょうふく》の出という弱みがあった。臣下のパルティア人が激昂《げきこう》するようなことが起これば、それは誰よりも彼にまっ先にはね返ってくる危険があったのだ。そしてこの隠れた事実を、東方駐在も八年になっていたコルブロは完璧《かんぺき》に把握していた。

どうやらこの時期から、パルティア王ヴォロゲセスとシリア総督コルブロの間に、秘《ひそ》かな〝意見交換〟がはじめられたようなのである。紀元六三年と年が代わって、ローマのネロの許に派遣されてきたパルティア王の特使には、一行の護衛役ということで、コルブロ配下の百人隊長が同行していた。

ネロと会った特使は、パルティア王からの親書をローマ皇帝に渡した。外交文書というものは、もったいぶった言いまわしで終始していて、いったい全体何が言いたいのかすぐにはわからないのは、古今東西変りのない現象かもしれない。とはいえ、このときのパルティア王の言い分を箇条書にまとめると、次のようになる。

一、パルティア側が常々主張してきたアルメニアの領有権については、あらためて問題にするまでもない事実である。それはこれまでに神々が、パルティアとローマが剣を交えるたびにパルティアに味方してきたことでも明らかである。

二、最近のことだけにかぎっても、ローマがすえたティグラネスとこの王を守り立てるペトゥスの軍を包囲し、全滅させようと思えばできたにかかわらず、われわれは彼ら全員の撤退を許した。これは、パルティアの軍事力の優勢を示すとともに、パルティア人の寛大な精神も示した例である。

三、わたしの弟にあたるティリダテスのアルメニア王即位の件だが、彼は神官でもあり、パルティアの神官には海路の旅が禁じられている。彼自らローマに出向いて皇帝の手から王冠をさずけられることも、彼自身には受け容れる気持はあるのだが、神官であるがゆえに不可能事になる。

ゆえに、ティリダテスがローマ軍の宿営地に出向き、軍団兵たちが見守る中で、皇帝の彫像の前でアルメニアの王冠をいただくというのならば、われわれにはそれを実行する用意がある。

この少し前に届いたペトゥスからの楽観あふれる報告書の内容とは、実情がだいぶちがうようであった。それでネロは、パルティア王の特使について来ていたコルブロ配下の百人隊長を呼び、実際はどうなのか、と問いただしたのである。百人隊長の答えは、アルメニアからは、ローマ軍は完全に排除されました、というものだった。また、パルティア軍も完全撤退したことも、伝えたようである。ネロは、閣議と考えてよい「コンシリウム」を召集した。

アウグストゥス創設になる「第一人者を補佐する委員会《コンシリウム》」とは、第一人者の皇帝と、その年担当の執政官二人と、法務官等の現代でいう省庁の大臣たちに、元老院議員の代表二十人を加えて開かれる会議である。この席でネロは、すべてを告げたうえで、どうすべきかを相談した。戦争突入か、または、パルティアにアルメニア王位を渡すという不名誉を受け容れるにせよ平和を取るか、である。列席者の大半が、「戦争」に賛成した。ローマは、勝って講和することはあっても、敗れて講和する伝統はないというのが、戦争賛成派のあげた理由であった。パルティア王の特使は、皇帝ネロからの拒絶の回答をもってパルティアにもどった。

しかし、戦争突入と決まっても、ペトゥスはもはや頼りにできなかった。やはり、コルブロしかいなかった。だが、コルブロはシリア総督の地位にある。属州総督の仕事には、通常の行政や司法もある。それで、この面の任務には別の人物を任命することで、コルブロを総督の通常任務から解放し、アルメニア・パルティア問題だけに専念させることになった。

コルブロには、「マイウス」（最高）の形容詞つきの、東方での絶対指揮権が与えられると決まった。東方にかぎるとしても、皇帝並みの最高司令権である。白紙委任状を与えたと同じことで、外交で解決しようが軍事で解決しようが、それを決める権限は彼一人にあり、皇帝に指令を仰ぐ必要もない。これほどの大権を与えられたのは、ティベリウス帝から東方に派遣された当時のゲルマニクス以来のことであった。ついに東方でも、指揮系統の統一が成ったのである。

ペトゥスは、本国召還と決まった。責任を問われるのを覚悟して帰国したペトゥスだが、ネロは皮肉を言っただけだった。

「お前をすぐに許そう。責任を問われる恐怖でお前が病気にならないうちにだ。恐怖に駆られるとすぐに平静を失うのが、お前の特質らしいからね」

最高指揮権を手中にし、四個軍団に補助兵と同盟諸国からの参加兵の計五万を使える立場になったコルブロは、時間を無駄にしなかった。アルメニア・パルティア問題に彼がかかわりはじめてから、すでに八年が過ぎている。絶対に解決にもっていかねばならなかった。全軍を率いて北上すると決める。ユーフラテス河とティグリス河が接近する、アルメニア本土を目指した。目指すのはアルメニアだが、闘う相手はパルティア軍である。首都ローマの民衆はわき立った。元老院も、勝報を待つことでは同じだった。ネロは、誰よりもそれを待っていただろう。ローマはパルティアと闘うたびに、クラッスス、そしてアントニウスと、負けてばかりいたのである。その雪辱を果すには、今回が好機だった。コルブロは、ライン河の防衛を担当する低地ゲルマニア軍の司令官をしていた当時から、果敢な戦法で知られていた。当時のローマ軍では最高の勇将であるとが、他の将軍までも同意するコルブロへの評価であったのだ。勝って帰ってくる、と誰もが疑わなかった。そして、パルティアに勝ちさえすれば、アルメニアは自動的にローマにもどってくるのだった。

だが、人々は知らなかったのだ。はじめて全権を手中にし、五万という大軍を使える立場になっていながら、コルブロの頭の中は戦い一色には染まってはいなかったことを、市民も元老院議員も、そしてネロも、知らなかったのである。

## その間、ローマでは

東方ではコルブロが北上を開始していたと同じ年、本国イタリアではちょっとした事件が次々と起こっていた。

まず、南イタリアの中都市の一つポンペイで地震が発生した。被害はたいしたことなく、国庫からの支援金に頼らずに、ポンペイ市の自力更生が可能な程度ですんだ。だが、後から考えれば、ヴェスヴィオ火山の爆発によってポンペイとその周辺が埋没する十六年後の大災害の、これが予兆であったのだろう。

次いで起ったのが、マルス広場の一画にネロが建設させていた「体育館《ギムナジウム》」の、落雷による炎上だった。すでに述べた理由でこの体育館はローマ市民に人気がなかったので、人気がなければなおのこと悪天候の日に行く人もいなかったと思うが、おかげで人の被害はまったくなかった。ネロは直ちに再建を決める。ギリシア的な肉体鍛錬の習慣をローマにも導入したいというネロの熱意は、少しも衰えてはいなかったのである。

この年、ネロははじめて父親になった。ポッペアに、女子が誕生したのだ。大喜びした若い父親は、生れた娘に、アウグスタという、神聖な存在とともに皇后も意味する名を与えた。だがその子は、生れてから三ヵ月もしないうちに死んだ。ネロの嘆きは、本心からのものだった。

ネロは、彼自身の虚栄心を満足させるためと、妻ポッペアの喜ぶ顔見たさで、ポッペアを贈り物攻めにしていた。娘が生れれば、はじめての子をめぐんでくれたお礼、その子が死ねば、子を失った母親をなぐさめるためと、理由はいくらでもあった。ポッペア・サビーナは、史上言われるような悪女ではない。「皇后《アウグスタ》」の称号も求めなかったし、要人の人事に口をはさむこともなかった。贅沢《ぜいたく》には眼がなかったが、それも国家の財政に影響するほどの浪費ではなかった。エジプトの女王クレオパトラが好んだという牛乳風呂を、まねした程度である。帝国の経済力は向上する一方であったので、皇帝の妻の女らしい浪費ぐらいではびくともしなかった。

ただし、ポッペアの贅沢嗜好《しこう》は、首都ローマのユダヤ人社会《コミュニティー》に、皇宮内にくい込むすきを与えた。帝国の首都に住むことの利益の大きさからローマ在住のユダヤ人の数は増す一方だったが、それでもエジプトのアレクサンドリアのユダヤ人社会に比べれば、人口でも経済力でも劣っていた。帝国の東方《オリエント》のユダヤ人社会のような、皇帝が認めた特典である、ユダヤ人間《かん》ではユダヤ教の戒律で裁くことも認められていなかった。帝国の西方《オチデント》では、ユダヤ人でもローマ法を守って生きることが、アウグストゥス以後の諸皇帝の方針であったのだ。

だが、カリグラ帝の項でも述べたように、ユダヤ教徒はローマ市民になることを、戒律が許さないとして拒否しつづけている。これはローマ世界では、異邦人でありつづけるという意味をもつ。ローマに住むユダヤ人が自分たちの保護者を求めるのも、力の弱い異邦人コミュニティーの存続を思えば当然の防衛策であったのだ。そして、贅沢好きの皇帝の妻には、豪華な宝石や金品を贈るだけで充分だった。

皇帝の妻ポッペアとローマのユダヤ人社会との親密な関係は、ポッペアのユダヤ教への関心から生れたものではない。彼女は、宗教などには興味を示さない、現世的な女だった。いかにも女らしく現世的であったから、自分が保護者になる団体が、宗教に拠《よ》って立つところに特色があろうとも問題視しなかったのかもしれない。だが、このことが、彼女の夫ネロが二千年にわたって「反キリスト《アンチ・キリスト》」の悪評を浴びる原因を作ることになるのである。

紀元六三年というこの年にはもう二つ、いかにもローマ帝国らしい出来事が記録されている。第一は、謹厳なるタキトゥスの筆にかかると、「恥ずべき慣習」となることをめぐっての討議で、元老院の議場をひとしきりにぎわせたエピソードである。

執政官や法務官等のローマ政府の要職は、元老院での選挙で決まる。属州総督は、執政官経験者間の抽選で決まる。だが、アウグストゥスが提出し元老院で議決されて国家の法になった八十年も昔の「ユリウス法」(第Ⅵ巻の一四五頁=文庫版第15巻二三頁=前後参照)では、子をもつ人には優先権が認められている。その法を私は、冗談にしろ〝少子対策〟と名づけたが、帝国の統治を担当する階層の少子化にブレーキをかけるのが、この法の立案者であるアウグストゥスの目的であったからだった。それで優先権だが、選挙で獲得票数が同じならば子をもつ人のほうが当選し、子の数も多い人のほうが優先される。抽選でも、抽選に参加できる資格者、つまり執政官経験者の中に子もちの人がいれば、子のない者は抽選への参加権も失う。子のない人は子もちのライヴァルに席をゆずらねばならない。これで、八十年間つづいてきたのである。

だが人間は、それが法治国家と自他ともに認めるローマ人であっても、必ずや抜け穴を見つけ出すものである。〝少子対策法〟の抜け穴とは、偽りの養子縁組をすることだった。

政府の高官の選挙や属州総督の抽選の季節が近づくと、にわかに養子縁組が盛んになる。しかも、タキトゥスの断罪ももっともだと思うのは、選挙や抽選が終るやいなや、にわか養子は破談にされてしまうのだ。この「恥ずべき慣習」に対して、子をもつ議員たちが抗議したのだった。

子を産み育てるだけでも難事である。子のいない人は、経済的にも精神面でも有利を享受《きょうじゅ》している。それなのに、偽《にせ》の養子縁組をすることによって、法で保護されている子もちの権利を侵害するとは何ごとか、というわけで、この種の養子縁組によって獲得した公職は無効とする、とした法案が提出されたのだった。

この法案は、賛成多数を得て可決された。賛成票を投じた議員の中には、子のない議員もいたというのが法治国家らしい。しかもこの法案は、補正案まで付けて可決されたのである。補正条項とは、この種の養子縁組の結果、子となった者には、遺産相続上の権利は認められないとしたことだった。遺産相続権も認めないとすれば、養子になること自体の利益が失われ、この種の縁組を承知する者も少なくなるからである。この法の成立によって、ローマ帝国の〝上級国家公務員〟の出世コースでは、子をもつ人の有利が再確認されたのであった。

第二のエピソードも、元老院が舞台になった。ローマでは、属州民が属州総督を告発することが認められている。属州での悪政の防止が目的だが、司法とは、「武器」

に変りやすい。属州勤務を終えて帰国するや裁きの場に引き出されるのではやりきれないので、属州総督は任期中に、属州の有力者たちとの関係の良好化に努める。ローマの裁判所に訴えるなど、有力者でもないかぎり不可能事だからだ。これはこれで悪いことはないのだが、何ごとにも限度というものがあった。限度を越えると、総督と属州有力者との癒着、ということになる。癒着状態になっては、有力でもない属州民全体も考慮しなければならない公正な統治も実現薄になる。と言って、属州民の総督告発権は長年認められてきたことなので、奪うなど考えもできなかった。

この事態の改善の要求は、ある属州民の放言から起こった。クレタ島民であるその人物は、ローマから派遣されてくる総督の評判は自分の胸しだいだ、と言ったのである。これを伝え知った元老院は、怒り憤慨した。それを言った男の追放を要求し、属州民の横暴は何らかの法によって規制さるべきだ、となったのである。

だがネロは、法による規制には反対した。それよりも、任期終了時の総督に対してなされるのが慣例になっていた、属州民による感謝決議を廃止するという法案を提出したのである。感謝決議が、属州民の総督に対する〝点数表〟になりがちであったのだから。元老院は、この法案のほうを、賛成多数で可決した。それにしてもこのエピソードは、ローマ帝国では属州民でも、相当にしたたかであったことをうかがわせて興味深い。

しかし、ローマ市民権をもっている以上属州民ではないが、生れが属州であるということならば同じのコルブロのしたたかさは、クレタ人の放言の比ではなかった。この南仏出身の武将は、アウグストゥス以来のローマ帝国のアルメニア対策を、百八十度転換させてしまうからである。

## 外交戦

対アルメニア問題への白紙委任状と五万の兵力を与えられたコルブロは、アルメニア領内に入ったところでユーフラテス河を渡った。ローマ軍の行手に立ちはだかる城《じょう》塞《さい》はことごとく攻略し破壊し、親パルティア派の貴族の所領地は焼き打ちし略奪し、まるでブルドーザーが行くように軍を進めた。アルメニア中は、パニックに陥ってしまった。

アルメニア領内にいてパルティア軍の総指揮をとっていたティリダテスも、パルティア本国にいてもアルメニアにいる弟が心配でならなかったヴォロゲセスも、コルブロ率いるローマ軍の進軍ぶりを知っては、今度はローマも本気だと思わずにはいられなかった。二人の名で講和を求めた使者が、コルブロの陣営に派遣された。ローマ軍の司令官は、パルティア人の使者を丁重に迎え、使者の言うことを最後まで聴いた。だが、それに対する回答は使者には伝えず、配下の百人隊長の一人にもたせてティリダテスの陣営に送ったのである。コルブロの回答とは、次の事柄から成り立っていた。

ちょっとした戦闘（ペトゥス相手のそれを指す）に勝ったぐらいで傲慢《ごうまん》になっているらしいパルティア側の眼を覚まさせるために告げるが、わたしが軍を進めはじめてからのローマ軍の戦果は現に見るとおりである。このまま行けば、ローマ軍によってアルメニアは焦土と化すだろうし、ローマ側には、それをやろうと思えばやれる力がある。それゆえ、ティリダテスは、焦土と化す前のアルメニアを、ローマ皇帝からの贈り物として受けとったほうが賢明ではないか。

また、ヴォロゲセスにとっても、早々にローマとの友好関係を回復して、自国の統治に専念したほうが賢明である。常に東方からの外敵に悩まされているパルティアには、西方のローマとの対決に全軍を投入する余裕はない。反対にローマは、このアルメニアを除けば他はすべて平和《パクス》であるために、現在以上の軍事力の投入も可能な状態にある。ゆえに、両大国が正面きって激突すればローマが勝つのは必定で、そうなってはヴォロゲセスもティリダテスも、修復不可能な損害をこうむることになるだろう。

このコルブロの回答には、ティリダテスがアルメニア王位をローマ皇帝からの贈り物として受けたほうが賢明だとは書いてあるが、受けるに際しての具体的な方法には一言も触れていない。それで、コルブロからの回答を受けたティリダテスも、そしてその内容を告げられたヴォロゲセスも、受けとり方の具体法とは、ヴォロゲセスがローマのネロに送った講和提案に記したやり方を、ローマはついに飲んだと解釈したのである。それは、ティリダテスにはローマに出向いてネロの手から王冠を受ける気持はあるが、彼が海路の旅を禁じられている神官でもあることから不可能事で、ローマの陣営地内のネロの彫像の前でならば戴冠《たいかん》する、ということである。

これをローマ側が飲んだのならパルティア側にも不都合はない、と考えたヴォロゲセスとティリダテスは、二人の名で、ローマとの平和条約締結の受諾とそのための一時休戦を、コルブロに伝えた。コルブロからは直ちに、ティリダテスとの直接会談を求める使者が送られてきた。

コルブロは、戴冠の具体的方法にはわざと触れなかったのである。彼は、それについては、ティリダテスとの直接会談で決めるつもりでいた。それゆえ、パルティア王弟との直接会談は、ぜひとも実現させねばならなかった。コルブロは、王弟との直接会談を求める使者に、ティベリウス・アレクサンドロスとアニウス・ヴィニチアヌスという、二人の高官を送った。前者は、カリグラ帝の項のローマ人とユダヤ人との関係を述べた箇所でも紹介した、ユダヤ教を捨ててローマ市民になり、ローマの軍務に就くことで帝国の一員になると決めたユダヤ人である。コルブロ配下では、兵站《へいたん》面での責任者だった。後者は、コルブロの娘婿《むすめむこ》で、コルブロ軍では第五軍団の軍団長の地位にある。両者ともコルブロにとっては必要不可欠な人であることは、パルティア側も承知していた。しかもコルブロは、この両人ともを、ティリダテスとの会談が終るまでの間、パルティア軍の陣営内に人質として留める、とまで言ってきたのである。これをコルブロの誠意の証《あか》しと信じたティリダテスは、直接会談受諾の回答とともに、会談の日時と場所の選定をコルブロに一任すると伝えてきた。

コルブロは、会談の日は数日後を、場所は、ペトゥスが敗北を喫したと同じ場所を指定した。わずか数日後を指定したのは、鉄は熱いうちに打て、の実践であり、ペトゥス敗北の場所を指定したのは、東方ローマ軍の最高司令官とパルティアの王弟でアルメニア王にもなる人との堂々たる直接会談の場にすることによって、ペトゥスが率いたローマ軍の対パルティア敗北の記憶を一掃するためであった。

コルブロとティリダテスの直接会談は、こうして実現した。両人とも、二十騎を従えただけで会談の場所に向う。互いに接近したところで、年長者への礼儀を重んじたのか、パルティアの王弟がまず先に馬から降りた。ローマの武将も、それを見るや馬を捨てる。歩み寄った二人は、手をにぎり抱擁し合った。コルブロはティリダテスを、冒険心に駆られることなく確実で賢明な選択をしたと賞《ほ》めた。若いティリダテスは、会うのはこの日が最初にしても、これまでの八年以上もの間、コルブロの名を耳にしない日はなかったのだ。敵からさえも敬意を払われるのは、コルブロの特技である。兄のパルティア王も、敵だが信頼するに足る人物と言っていた。それが今、眼の前にいる。眼の前にいて、自分を賞めてくれたのだ。純情なパルティアの若者は感激し、言わずもがなのことを口にしてしまったのだった。戴冠には自分が、ローマに行ってもよいのだが、と。

この後の会談で何が話し合われたかを示してくれる、確実な史料はない。だが、その後の経過から推測するに、コルブロの外交は完璧《かんぺき》に成功したのである。数日して、セレモニーの前半が挙行された。
ローマ軍の陣営の中央に、皇帝ネロの彫像が置かれた。その前には、祭壇がしつらえられる。その周囲を、それぞれ異なる武装に身を正したローマ人とパルティア人が囲んだ。祭壇の前に、正装してアルメニアの王冠を頭上にしたティリダテスが進み出た。コルブロは、祭壇のわきに立つ。ティリダテスは、ネロの彫像に向って一礼し、頭上の王冠をとって祭壇の上に置いた。この王冠を再びティリダテスが頭上にするのは、ローマで、そしてネロの手からであった。セレモニーの後半は、ローマで挙行されるのである。

神官であるために海路の旅は禁じられているティリダテスなのに、どうやってローマへ行くのか。コルブロは、長旅になろうと陸路を行けばよい、と言ったのである。パルティアからローマまでの旅路だ。気が遠くなるくらいの距離になるが、アジアとヨーロッパを分つヘレスポントスの狭い海峡の渡河はどう処理するのかは知らないが、陸伝いに行こうと思えば行けないことはない。ローマに出向いて戴冠したい気持はあっても、神官の身分ゆえに海路の旅は禁じられているから不可能、との理由を盾にしてきたパルティア王ヴォロゲセスは、これでコルブロに、完璧に一本取られたことになった。陸伝いならば、神官の戒律に反することにはならないからだ。もともとローマを自分の眼で見たい想いでいっぱいだったティリダテスはこれで説得され、既成事実をつきつけられてヴォロゲセスも受諾するしかなかったのである。

王冠を預ける儀式が終った後に開かれた招宴では、主客のティリダテスは、ローマ軍の陣営内というのにすっかり打ちとけていた。隣席のコルブロを、若者らしく質問ぜめにする。三時間ずつの四交代制の夜警のはじめに、百人隊長がそれをわざわざ報告するのはなぜか。食卓を立つのまで角笛の合図でいっせいになされるが、あれはなぜ。司令官の陣幕の前には夜どおしたいまつがたかれているが、あれはどうしてなのか。それらの質問にコルブロは、父親でもあるかのようにいちいち親切に理由を説明してやった。若きアルメニア王は、ローマ軍の規律の厳格さにすっかり感心してしまった。そして、自分が行くことになったローマに対する好奇心のほうもますます高まったのである。ちなみに、両人の会話は、当時のオリエントでは最も広く通用していたギリシア語でなされたのにちがいない。

ティリダテスはコルブロに、ローマに発《た》つ前にパルティアにいる母と兄弟たちに別れを告げたい、と言った。コルブロは、当然のことだと承知した。ティリダテスは、ローマに向う自分の誠意の証しだと言って、自分の幼い娘を人質としてコルブロに残し、パルティアに向けて発って行った。

帰国したティリダテスと会ってすべてを知った後でも、ローマに出向く弟のことが、パルティア王には新たな心配の種になった。ヴォロゲセスはコルブロに手紙を送り、次の事柄を守ると約束してくれと願った。それは、四項目から成り立っていた。

第一に、ローマへの旅の間も、そしてローマに着いてからも、ローマ皇帝の臣従者と見られるような待遇は、ティリダテスには絶対に与えない。

第二、ティリダテスが旅の途中で会うローマ側の各属州総督が、単に出迎えるだけでなく抱擁するのを禁じないでもらいたい。これは、弟に、ローマ帝国を代表する高官との間でも対等の待遇を与えよという意味であった。

第三、首都ローマ滞在中のティリダテスには、執政官と同等の待遇を与えられたし。執政官の行くところ常に十二人の警士《リクトル》が〝露払い〟を務めるのがローマの伝統だが、これに象徴される敬意をティリダテスにも払ってもらいたい、という意味である。

第四、皇帝ネロとの会見の席上、ティリダテスには剣を帯びる特権を許すこと。武装解除された姿で会見に臨むのは、臣従の証明でもあったのだ。

一読するだけならば、昨日までの敵の本拠地に乗りこむ弟を心配する兄の切々たる心情が伝わってくるようで、感動的でさえある。だが、パルティア王の心配は、ティリダテスの身の安全以上に体面の維持にあることが読みとれる。本腹のパルティア王子であるティリダテスがローマ人から屈辱的な待遇を受けようものなら、妾腹《しょうふく》なのにパルティア王位に就いているヴォロゲセスに対し、パルティア宮廷内の反撥《はんぱつ》が火を噴くのが心配であったのだ。コルブロも、この辺の事情は熟知していた。また、彼にとっても、自ら主導したこの形でのローマ・パルティア間の平和回復は、絶対に成功させねばならなかった。コルブロはヴォロゲセスに手紙を送り、四項目とも厳守することを誓う。そして、その旨《むね》を記した命令書を、ローマまでのティリダテス一行の道筋にあたる各属州の総督や長官たちに送った。ローマ帝国東方の最高司令権を与えられていたコルブロには、それをやれる権限があったのだ。

## 問題解決

パルティア王ヴォロゲセスも既成事実を突きつけられて承認するしかなかったが、ローマ皇帝ネロも、その点ではまったく同じだった。二人とも、剣道で言うならば、コルブロに「一本取られた」のである。コルブロからの報告をネロが受けとったのは、紀元六三年の末から六四年の春の間であったろう。パルティア軍相手の戦勝報告を待っていたのに、届いたのは平和条約締結の報告である。いかに白紙委任状を与えていようと、コルブロがやったのは、皇帝と閣議《コンシリウム》が決めた方針とは反対のことなのであった。

皇帝には、拒否権《ヴェトー》発動の権利がある。また、ローマ帝国の法的な主権者である元老院と市民には、ローマの司令官が敵との間で結んだ協定を承認しないというやり方での、拒否の権利があった。いずれの場合でも、この権利を行使されようものなら、コルブロの外交成果は白紙にもどされてしまう。しかし、ネロも元老院も市民も、拒否どころか喜んで承認したのである。ネロに至っては、ティリダテス一行の旅費はローマ側の負担とする、とまで、コルブロを通してパルティア側に伝えさせた。

ローマ側のこの意外な反応は、二つの理由から発していた。

第一は、長年の宿敵であったパルティアの王家が、たとえアルメニアの王冠をさずけられるというセレモニーにしろ、わざわざローマまで出向いて皇帝の手から受けることを承諾したこと。これこそローマのパルティアに対する優位の証明と、一般市民も元老院議員も皇帝も満足したのである。長くローマが決めてきたアルメニアの王位がパルティア人に奪われることなど、ひざまずくパルティア王弟の頭上にローマ皇帝の手で王冠を置く光景を想像しただけで、ローマ人の多くは忘れてしまったのであった。

第二は、第一とはちがって、見たくない現実でも直視することのできる少数のローマ人が納得した理由である。

この人々もコルブロ同様に、ペルシア文明圏に属すパルティアとアルメニアを切り離しつづけることの困難さを知っていた。と言って、アルメニアがパルティア側に完全についてしまっては、帝国の東方の防衛戦略は機能しなくなるから、ローマ側には引きつけておく必要がある。パルティア王ヴォロゲセスの真意がローマとの戦争にはなく、弟の落ちつき先確保のみにあることは、コルブロも、皇帝と元老院には伝えていたにちがいない。それで、アルメニアの王位を占めるのがパルティアの王弟でも、ローマとの同盟関係をつづけるならば認めようと、この人々は考えたのである。ネロも、こう考えた一人であったと思う。虚栄心は強かったが、現実的な選択を迫られたときにはそれができない男ではなかった。

パルティアにもどって母や兄弟たちと別れの宴をしたり、出発はしてもオリエントの君主らしく大勢の伴を従え妻も子も連れての旅になり、しかも途中の属州では総督以下総出の歓迎を受けたりしたので、陸伝いのティリダテスのローマまでの旅は九ヵ月にもおよんだ。軍団の移動の場合、ローマからシリアのアンティオキアまでは、陸路にアドリア海を渡る二日の海路を加えて百二十五日かかる。パルティアからアンティオキアまでの距離を考えても、軍団の移動ならば百五十日で踏破できる。その二倍かかったのだから、ゆっくりした旅ではあったのだ。

この旅の間中、ローマの騎兵隊とパルティアの騎兵隊が共同で護衛についた。これらの一行に費やされた旅費は、一日につき八十万セステルティウスにものぼり、九ヵ月ともなれば、ローマの国庫にとっては大変な出費になったはずである。だがこれも、平和のための出費と考えられ、苦情はどこからも出なかった。九ヵ月もの長旅を経て一行が無事イタリアに上陸したのは、紀元六五年になってからである。ローマ軍陣営内でネロの彫像の前にアルメニアの王冠を置くという戴冠《たいかん》式の前半からは、一年以上の歳月が過ぎていた。

イタリア上陸としたのは、どうやらティリダテスは、アドリア海を渡るに必要な二日だけは、神官の身には禁じられている海路をとったようなのである。なぜなら、ネロは迎えにナポリまで出向いたのだが、陸伝いをつづけていたならば北イタリアから入って来なければならない。ゆえに、ローマからは南のナポリに迎えに行くはずはない。パルティアからはもはや遠いことだし、海路といっても二日足らずだしというわけで、神官の戒律には眼をつぶってもらうことにしたのかもしれない。いずれにしても、ナポリまで出迎えたネロは、そこからローマまでのアッピア街道を、パルティアの王弟と旅をともにする。まったく、属国の王どころか、帝国の賓客に対する待遇だ。同年代でもあったので、二人はたちまち気の合う仲になった。

　ローマでの戴冠式は、フォロ・ロマーノで挙行された。中央にある演壇の上に王冠をもって立つ紫衣のネロの前に、黄金色の王装姿のティリダテスがひざまずく。ネロの手で、アルメニア王の王冠がティリダテスの頭上に置かれた。演壇を囲むのは、左には紅《くれない》のふちどりのついた白いトーガ姿の元老院議員たち。右には金と色とりどりのオリエント風の正装に身をこらした、パルティアとアルメニアの高官たちが居並ぶ。そして、フォロ・ロマーノを埋めるローマ人市民のあげる大歓声。アルメニア王となったパルティアの王弟には、「ローマの友人であり同盟者」の名称が与えられた。

　平和におだやかに行われたセレモニーの後の招宴は、ポンペイウス劇場に附属する広大な回廊に場所を移して、今度も平和に、しかし今度は豪華に行われた。すっかり気を良くしたネロは、アルメニア王となったティリダテスに豪華な品々を贈っただけでなく、七年前にコルブロが攻略し、焼き払っていたアルメニア王国の首都アルタクサタの再建に、ローマは力を貸すとまで約束したのである。力を貸すとは、建築技師や有能な職人の派遣であったから、技術援助ということである。これは、約束どおりに実行された。再建されたアルタクサタは、それを感謝したティリダテスによって、ネロニア（ネロの都）と改名される。

すべてを終えたアルメニア王ティリダテスとその一行は、帰路についた。帰りも、陸伝いである。だが、またも長旅になった旅の後にティリダテスが落ちついたのは、もはやパルティアではなくアルメニアだった。そして、必要なくなった東方ローマ軍の最高司令官の地位からは解任されたコルブロは、ネロの命で、再びシリア属州総督の地位にもどっていた。新時代を迎えたローマとパルティアの関係の維持を監視するのが、コルブロの新しい任務になった。昇進ではなかったのに、コルブロは満足してその任務に専念した。この任務の重要さを、両国の関係改善に努めた彼自身が誰よりもよく知っていたからである。

名を捨てて実を取ったのは、パルティア側であった。ならばローマは、実を捨てて名だけをとったのであろうか。

アウグストゥス時代からアルメニア王国は、他の同盟君主国と比べれば特別待遇を享受《きょうじゅ》していたのである。同盟国でも独立国だから、ローマに属州税を払う義務はない。だが、ローマが軍を動かすときには、兵を参戦させる義務はあり、現代で言う「後方支援」の義務もあった。だからこそ、同盟国なのである。だがアルメニアだけには、参戦の義務も後方支援の義務も課されていなかった。オリエントでは大国パルティアに次ぐ強国であったからだが、特別待遇は明らかである。

ローマはこのアルメニアの王位に就く者を、選ぶか承認するかでアルメニアをコントロール下に置いてきたのだが、このアウグストゥス方式とネロ方式のちがいは、アルメニアの王位にパルティア人が就いた一点だけであった。もちろん、このパルティア人が以後どのように行動するかは神さえ知らぬことであり、ローマは監視を怠ることは許されない。つまり、シリアに四個軍団を常駐させることは、以後もつづけねばならなかった。だから、賭《かけ》である。しかし外交も、一種の賭である。そしてローマは、この賭に勝ったとするしかない。

アルメニア王ティリダテスは、パルティア人とは思えないほどにローマとの友好関係の維持に努めた。ローマ側も、この王を尊重し、彼の立場を危うくするような行動はいっさいしなかった。パルティア人の統治するアルメニア王国が安泰であればパルティア王は満足するから、パルティアとの関係も自然によくなる。トライアヌス帝の時代に入るまでの実に半世紀、ローマとパルティアの間には平和がつづくのである。五十年間の平和がどれほどの価値をもつか、現代でも多くの国の人々が証言してくれるにちがいない。

ネロがティリダテスの頭上に王冠を置いた日から三年後、誰からも見放されたネロは自殺する。だが、それを知ったパルティア王ヴォロゲセスからローマの元老院に、次の要請が寄せられた。あなた方がネロをどう評価するかはあなた方の問題だが、パルティアとアルメニアにとってのネロは大恩ある人である。それゆえに、これまでに毎年行ってきたネロへの感謝祭を、今後もつづけることを許してもらいたい。

パルティアとの友好関係の維持はローマにとっては重要事であったので、ネロを「国家の敵」と断じた元老院も、これは認めることにしたのである。

戦争は、武器を使ってやる外交であり、外交は、武器を使わないでやる戦争である。コルブロは、このことを知っていた武人であった。

だが、もしもこのコルブロの考えをネロがもっと前に実行させていたら、パルティア・アルメニア問題の解決にローマは十二年も費やす必要はなかったのである。コルブロは、ティリダテスのアルメニア王就任を認めることによっての解決策を、着任の数年後には考え進言していたのだから。有能なリーダーとは、人間と労苦と時間の節約に長じている人のことではないかと思いはじめている。

## 歌手デビュー

いまだティリダテスが、陸伝いにゆっくりとローマに向いはじめていた紀元六四年のことである。ローマでの戴冠式はまだだったが、アルメニア・パルティア問題は解決したも同然だ。ネロに対する元老院と市民の支持は、この功績によってさらに高まっていた。支持率があがればより一層の自制力が必要になるのだが、このような場合のネロには、やりたかったのに自重してきたことを、これを機に実行に移す癖がある。そのときも、この癖が出た。

ネロは、少年時代から詩作が好きだった。また、自分が作った詩を、「チェトラ」と呼ばれる竪琴《たてごと》をかき鳴らしながら歌うことが大好きだった。好む理由もちゃんとあ

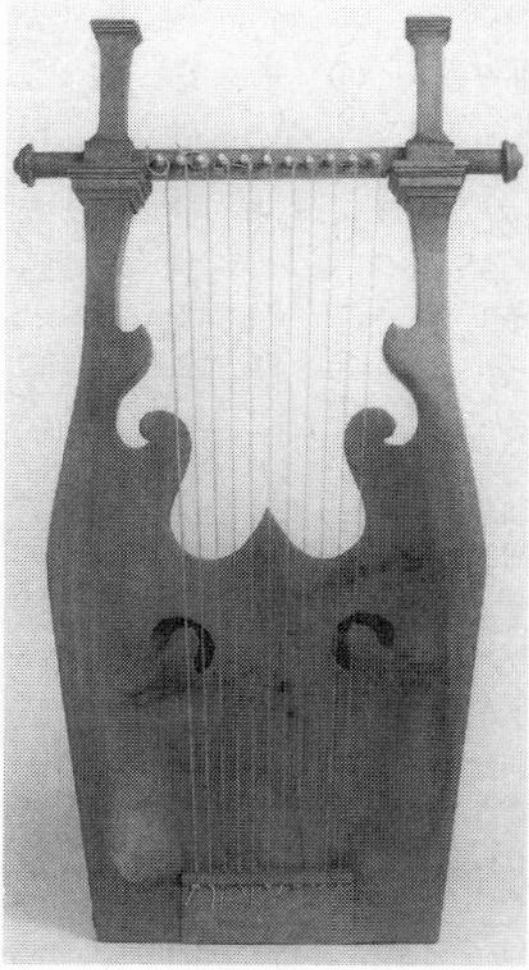

復元された「チェトラ」

った。ギリシア文化の粋だから、というのである。一人で弾き語りを愉《たの》しんでいればよいものを、自分では才能があると思っているものだから、他人にも聴かせたくなる。また、ギリシア文化の粋という文化的理由も信じていたので、他人に聴かせるにも言いわけがあった。

　皇帝になって以後もこの時期までは、皇宮内で宮廷人や取り巻きを集めて実演していたのである。ギリシア文化を軟弱と断じて嫌う一般のローマ人の反応が、やはり彼でも心配であったからだ。しかし、皇帝になってはや十年目。年齢も二十七歳。それに加えて、皇帝としての支持の高さもネロに自信を与えた。それまでにも彼には、あると信じている自らの才能を、お世辞で拍手する宮廷人でない公衆の判断にゆだねたいと思う気持が強かったのだが、それを実行に移す決心がついたのである。

　だがやはり、「ローマン・スピリット」の発祥の地でもある首都ローマでの実演には勇気がもてなかった。それでデビューの場を、ナポリの野外劇場と決めたのである。

ナポリは、ネアポリスというギリシア語の都市名が示すように、もともとはギリシア人の入植が起源の都市で、ローマ時代に入ってもギリシア色が濃厚に残っている。タキトゥスも、ギリシア本土の一都市のようだと書いている。このナポリの住民ならば、ネロがギリシア文化の粋と信じている竪琴をかき鳴らしながらの自作自演も、理解し認めてくれるであろうと思ったからであった。

劇場は、立錐《りっすい》の余地もないくらいの観衆で埋まった。「ギリシア文化の粋」を味わいたいからではなく、「歌う皇帝」を見たかったからである。ネロのほうは皇帝としてではなく芸術家としてデビューしたかったので、紫衣も黄金の月桂冠《げっけいかん》も着けず、プロの弾き語りに比べても地味な普通の短衣姿であったのだ。観衆はこれには少々がっかりしたが、舞台の上で懸命に竪琴をかなで自作の詩を歌っているのは、まぎれもなく皇帝のネロ。おおいに愉しみ、盛大な拍手を送ったのである。このデビューですっかり自信をつけたネロは、次回こそはローマン・スピリットの牙城《がじょう》ローマで、ギリシア文化の粋を披露すると決めた。そしてその後はいよいよ、本場ギリシアへ出向いてギリシア人の前で、自らの才能を問うのだ、と。だが、その後まもなく、このような夢はお預けにするしかない一大事が勃発《ぼっぱつ》したのである。

## ローマの大火

紀元六四年の七月十八日から十九日にかけての夜、大競技場《チルコ・マッシモ》の観客席の下にひしめく店の一つから出火した火は、おりからの強風にあおられて近接するパラティーノとチェリオの丘を駆け登った。夏のローマではしばしば、シロッコと呼ばれるアフリカからの南西風が猛威をふるう。これが吹きはじめると、常ならば涼しい西風の通うローマの街中も、一気に気温が上昇して耐えがたくなる。と言っても、シロッコが何日もつづいて吹き荒れることはめったにないのだが、その年の夏はちがった。夜のうちに火元の大競技場の観客席下はもちろんのこと、パラティーノとチェリオの丘までをなめつくした火災は、スブッラと呼ばれた庶民地区にまでも手を広げていた。パラティーノの丘の上には皇帝一族の屋敷が集中していたが、共和政時代からの名家の邸宅も少なくない。これらのすべてが全焼したのだ。チェリオの丘も、丘の上の部分には高級住宅が軒を並べていても、そこに至るまでは庶民の家で占められている。猛火は上流階級も下層の貧民も区別なく襲ったのだった。

ローマ人は、新しく建設する都市では見事な都市計画の才を発揮したが、自分たちの首都のローマではこの才能をふるえなかった。その理由は、ローマが自然発生的に出来た都市であることと、都市計画上ではプラスにもなりマイナスにもなる七つの丘をもつ都市であったからだ。そのうえ、「世界の首都《カプトウ・ムンディ》」となって以後は人口の流入も多く、ローマは、人口でも同時代の他のどの都市をも越える百万都市になっていた。

初代皇帝アウグストゥスは、レンガで受け継いだローマを大理石で遺《のこ》す、と豪語したが、それは公共建造物にかぎったのだ。増加する一方の人間を受け入れるには、インスラと呼ばれた五、六階にもなる集合住宅に頼るしかなかった。「インスラ」は、中流の下と下層の住民のための住宅である。ために、壁は石造りでも床も天井も木材を使っている。それに、居住空間を少しでも広くしようとして、二階から上は出窓が大きく街路に張り出した造りが多い。ただでさえ狭い街路が、それでますます狭くなっていた。また、この集合アパートは、外側の壁を隣りのアパートと共有している場合が多かった。つまり、集合住宅の間には空地はなく、各「インスラ」は壁を接して並び建っていたのである。火がまわれば、それを止める手段はなかった。

贅《ぜい》をつくした一戸建ての金持の屋敷にも、泣きどころがないわけではなかった。ローマ帝国全体の経済力の向上を反映して、この人々の邸宅には大理石やモザイクがふんだんに使われていたが、柱と柱の間に渡されている梁《はり》は木製である。絵や模様が描かれてはいても、木材であることでは変りはない。それに、召使の部屋や物置きに使われていた階上部の床も木製。扉や窓のわくも木造り。梁に燃え移れば、屋根が落ちてくるのは時間の問題だった。石材を鉄の止め金でつないで梁にしていたのは、神殿や会堂や劇場のような公共建造物だけであったのだ。

消防士はいた。アウグストゥスが創設した組織で、七個大隊で計七千人もいたのである。しかし、ゴムのない時代、テヴェレ河の水をホースで運んできて消火するなどは考えもできない。水による消火作業は、手渡しで運ぶ水道の水に頼るしかない。この状態で消防隊にできたことは、延焼防止のために、火の行手になってしまったまだ燃えていない建物を壊すことだけであった。だが、これが後に起こる、出火はネロがやらせたという声の一因になる。

六日目の夕方になって、ようやく消火に成功した。だが、成功したと思ったのもつかの間にすぎなかった。残り火が、今度は東からの強風で生き返り、またも三日の間猛威をふるったのである。結局、「世界の首都」は九日もの間、火に翻弄《ほんろう》されることになった。

出火当時、ネロは夏の暑さを避けて、ローマからは五十キロ南にある海岸の町アンツィオの別荘に滞在中だった。ローマでの火災は、その翌日に知った。知るやネロは、二頭の馬に引かせた馬車を駆って、アッピア街道を北上し首都に入った。エスクィリーノの丘にある別宅は無事だったが、そこに落ちつくことなど、二十六歳の皇帝は考えなかった。被災者対策の陣頭指揮をとったのである。ネロの口からは次々と命令が発せられ、それは敏速に確実に実行された。

延焼をまぬがれた地区の中でも最も都心に近いマルス広場を埋める公共建造物のすべては、被災者たちを収容するために開放された。神殿であるパンテオン（現在見られるハドリアヌス帝時代のものでなく、アグリッパ建設になるもの）、投票場であるサエプタ・ユリア、ポンペイウスやオクタヴィアの名を冠した各回廊、屋根のある建物はすべて、避難民の収容に供されたのである。だが、それでも収容しきれなかったので、これら公共建造物の周囲をめぐる空地には、近衛軍団の兵舎から運ばせた大量のテントが張られた。軍団兵は行軍中の宿営地建設で、テントを張るのには慣れている。マルス広場には、整然とした一大テント村が出現した。

被災者の収容とともに、何もかも失った人々への食の供給もネロは忘れなかった。ローマの外港オスティアには、陸あげされて倉庫に貯《たくわ》えられていたものも、陸あげされた直後でまだ船着場に積み上げられたままのものも、あるかぎりの小麦をローマに運べという皇帝からの命令が下った。オスティア街道とテヴェレ河の双方を使って送られてくる小麦は、火のおよばなかった地区の製粉所に送られ、被災者には、小麦粉かパンで配給されるのである。しかし、小麦粉で作ったローマ式のポタージュやパンばかりを食べているわけにはいかない。ローマ近郊の街や村には、チーズや野菜や果実の供出が要請された。飲料水だけが、首都に集中している九本もの水道のおかげで、不足しなかった唯一《ゆいいつ》のものであったのだ。

被災者にはすべてが無料だったが、被災者の中には無事な地区に住む親戚《しんせき》知人を頼った人も多い。それでネロは、ローマで売られる小麦の価格を、一モディウスにつき三セステルティウスに値下げさせたのである。常の価格は一〇セステルティウスだった。

焼死したり倒れ落ちてくる建物の下敷になったり、また逃げまどう人々に押しつぶされたりして死んだ人の数がどれくらいであったのかについては、ローマ時代の史家たちはおおよその数にしても記していない。野外劇場の崩壊事故による死傷者の数は明記したタキトゥスも、紀元六四年のローマの大火ではそれに触れていない。現代の研究者たちの間では、建造物の被害はすさまじかったが、人的被害のほうは少なかったとするのが大勢である。映画『クオ・ヴァディス』での描写は、キリスト教という反ローマの立場からのものゆえ大げさになったのかもしれない。いずれにしてもこの大火で、「世界の首都」は大打撃をこうむったことは確かだった。

アウグストゥスが定めて以来、都市ローマは十四の行政区に分れている。火災は行政区の別などには遠慮しないと思いそうだが、実際はそうでもない。首都では整然とした都市計画どおりの街づくりはできなかったローマ人だが、広い街路や広場によって各行政区の境界は明確にしてあったのだ。

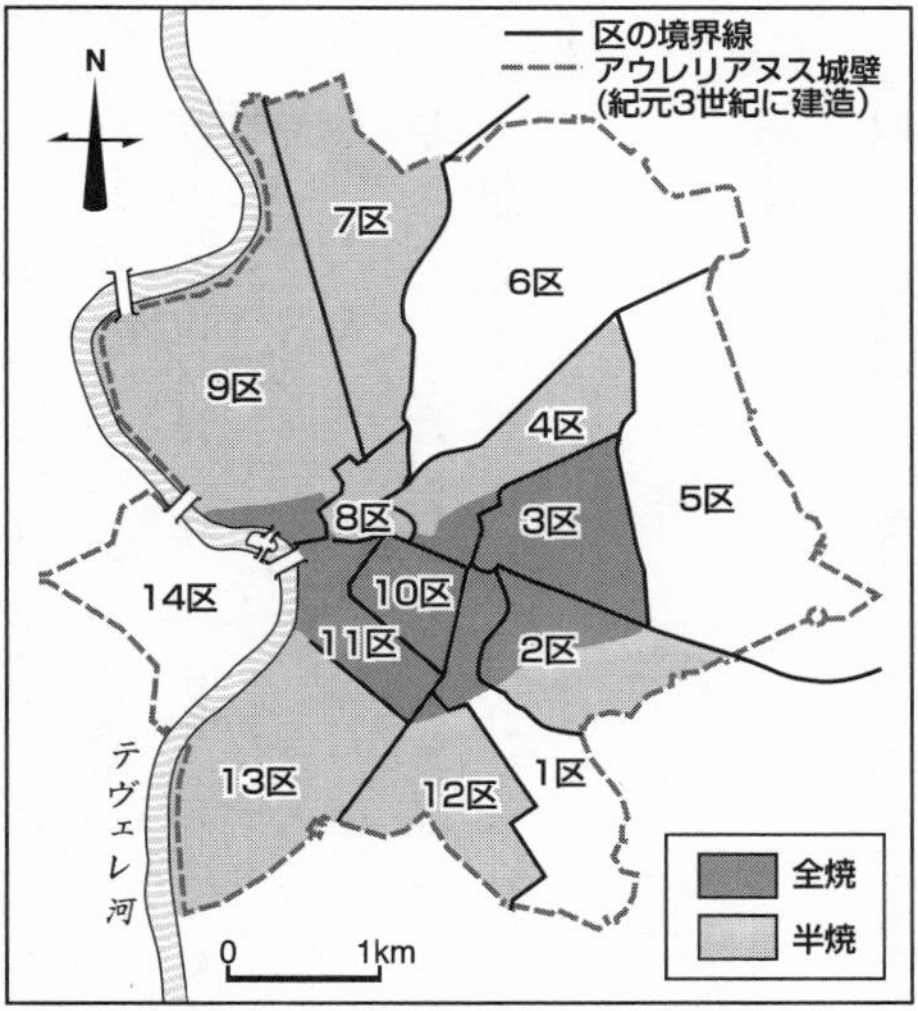


14行政区の火災による被害状況(便宜上、この時代には存在しなかったアウレリアヌス城壁も入れた)

全焼した行政区は、パラティーノの丘を中心とする第十区、大競技場をかかえる第十一区、それに、庶民地区のスブッラの第三区である。いずれも都心中の都心だが、フォロ・ロマーノと神殿で埋まるカピトリーノの丘は延焼をまぬがれた。文字どおりの大理石造りの公共建造物が、集中していた地帯であったからにちがいない。

半焼した行政区は、第二、第四、第七、第八、第九、第十二、第十三の七行政区である。ローマの北西部にあたる第七と第九行政区は、二度目の火災で被害をこうむった地域であった。

無事であった行政区は、第一と第五と第六に、テヴェレ河の西にある第十四行政区を加えた四区にすぎない。いずれも、都市ローマでは周辺部に位置する。火が、大競技場という都心から出たからだろう。

## 再建

十四の行政区中で全焼は三区、半焼でも七区にもおよんでは、被災地ローマの再建も本格的なものにならざるをえない。まず皇帝の名で、帝国の各地には再建のための義援金の要請が送られた。この数年後にリヨンでも大火災が発生し、ローマは義援金として四百万セステルティウスを贈るが、これはリヨンがローマの再建のために送ってきた義援金と同額であったという。属州ガリアの首都リヨンが四百万であったならば、格段に豊かなアレクサンドリアやアンティオキアからは、もっと多額の義援金が届いたことだろう。ローマ帝国では、ティベリウスによる地震被災地への支援金にしても、災害に際しての相互援助は当然のことであったようである。そしてネロは、ローマの再建でも陣頭指揮をとる。皇帝からの命令は、それまではローマ人が聴いたこともない事柄ばかりだった。ネロの頭にあったのは、火事に強いと同時に、より快適でより美しいローマの建設であったからだった。

一、街路の幅を以前よりは広く規定し、可能なかぎり街中の路《みち》でも直線になるよう努める。

二、住居用の建物の高さは、六十歩(約十七メートル)以上になってはならない。

三、建物の間の空間は、法で定められている二・五歩(約七十センチ)を厳守し、余裕があるならばさらに広く置くこと。そしてすべての建物は、それぞれの外壁をもうけること。共有外壁を厳禁にしたのである。

四、建物に使う梁《はり》は、木材でなく石材にする。

五、「インスラ」でも、内庭を常備すること。

六、街路に面した住宅の防火策として、各住宅建築は街路側に柱の並ぶポーチを設置する。このポーチ建造費は、国庫の負担とする。

七、瓦礫《がれき》や焼け残りの撤去作業が終了ししだい、跡地はもとの持主に返還する。

八、自分たちの居住用の家や貸家用の家(インスラ)を期限内に再建した者には、国庫から褒賞金《ほうしょうきん》が与えられる。

九、住宅用建築の所有者は、内庭に貯水槽をもうけ、それに水を常備する義務を負う。

十、水道管の修復作業は、各自が勝手にやってはならず、水道担当者による修理作業にまかせねばならない。

これは、ローマにも不届者がいて、水道管に穴を開けては水を盗む者が跡を絶たなかったのだ。おかげで水圧が低下し、街路わきや広場におかれた共同水道を使っての消火作業が、ほとんど役に立たなかったことからの反省であった。

十一、瓦礫はすべて、テヴェレ河岸に運び出すこと。オスティアから小麦を積んできた船は、帰途は瓦礫や焼け残りを積んで河を下るが、これらの不必要な積み荷はオスティアの沼地の埋め立て工事に活用されるので、指定以外の場所に捨ててはならない。

これらはすべて、被災後の再建への施策であった。再建には常に金がかかる。属州各地からの義援金では足りなかった。なぜならネロは、後述する「ドムス・アウレア」建設を通しての、ローマの都心部の大改造も同時に行おうとしていたからだ。それで、これらの財源を確保するために、以前に少しばかり言及した通貨の改革、と言うより手直しも、この時期に実施したのである。

それは、七・八グラムの純金で造られていたアウレウス金貨を、七・三グラムに落とし、三・九グラムのデナリウス銀貨を、三・四一グラムに落としたことであった。デナリウス銀貨の銀の含有量も、以前は一〇〇パーセントの純銀であったのを、九二パーセントに落としたのだ。銅貨は変えなかった。

これは、紀元前二三年にアウグストゥスが定めて以来、実に八十七年ぶりの改革であった。研究者の中には、平価切り下げであるとする人もいる。だが私には、そうは思えない。

まず第一に、三世紀になって帝国の経済力が衰えたときになされた数々の切り下げと比べて、ネロの切り下げの幅は少なすぎること。たったの〇・五グラムなのだ。

そして第二は、これに対して元老院からも市民からも、批判の声はまったくあがらなかった事実である。

平価切り下げは経済力の衰退を示すが、ネロ時代のローマ帝国の経済力は、長い平和とインフラ整備の効果が出てきた頃とて、向上の一途にあったのだった。経済の成長は通貨の流通量の増大の必要につながるが、金や銀の鉱山からの産出量もまた、経済の成長に比例して増えてくれるとはかぎらない。だからこそ近現代は紙幣を開発したのだが、古代人には紙幣は考えられなかった。

金や銀の産出量は以前に比べれば微増、それなのに経済の成長率は高い、となれば、考えられる対策は、金貨と銀貨の形を小さくすることである。異物を混ぜることで含有率を低くするのは、素材価値と額面価値の一致が信用置ける通貨の条件であった時代、避けうるならば避けるべきことであった。実際、経済力が衰えた三世紀の改革では、含有率の低落が特色になる。一世紀のネロの時代、そこまでの必要はなかったのだ。

大火後の再建と「ドムス・アウレア」を通してのローマ大改造で、ネロには金《かね》が必要であったことは確かである。だが、動機が「悪」ならば結果も「悪」とはかぎらない。実際、ネロによる金・銀貨の見直しは、五賢帝時代を過ぎて紀元二一五年のカラカラ帝による改革までの百五十年間、まったく何の手直しもされずにつづくのである。われわれが聴き慣れている平価の切り下げとはちがって、ローマ帝国の経済力の向上を反映したがゆえの、現実的で妥当な改革であったという証拠ではなかろうか。

皇帝ネロによる、建設と財源確保両面によるローマの再建策は、市民には評判が良かった。被災者たちも被災していない人々もともに力を合わせてのローマの再建は、市民全体を巻きこんで急速に進んだ。ローマは、以前よりは格段に整然とし、美しい街並に変った。だが、苦情をもらす人もいた。陽光がすみずみにまでとどくようになって、暑さがより耐えがたくなった、というのである。だが、ネロを酷評するのが常の歴史家タキトゥスも、このときのネロは賞《ほ》めている。人間の知恵のかぎりをつくした有効な施策であった、として。

## ドムス・アウレア

建設は男の夢である。それにローマには、権力者が私財を投じて公共の建造物を建て国家に贈るという伝統があった。利益の社会還元というよりも、ローマでは、名誉の社会還元としたほうが適切だ。そして贈られる側は、贈ってくれた人の名をそれに冠することで返礼とした。

ネロは、自分もそれをしたいと考えた。だがネロが考えたのは、ポンペイウス劇場やカエサルやアウグストゥスのフォールムのような、個々の建造物ではなかった。しかも、私費ではなく国費を使う。だがネロは、国費を使う価値はあると信じていた。ネロが考えていたのは、パラティーノの丘からチェリオの丘の下の低地を通ってエスクィリーノの丘に達するという、広大な一帯すべての大改造であったからである。

現代のわれわれにとっては、チェリオの丘下の低地にそびえるコロッセウムなしのローマはもはや考えられない。それにわれわれが現に見るコロッセウムは、パラティーノの丘下に広がる遺跡のフォロ・ロマーノを通して眺めるために、あそこにあって当然という印象が強い。だが、ローマ帝国が健在であった時代のフォロ・ロマーノは、現在のように柱や石塊の散乱する遺跡ではなく、神殿や会堂や各種の記念柱が立ち並ぶ一帯であった。そして、この延長線上には、カピトリーノの丘に建つ神殿の数々が望め、視線を北にまわせば、堂々たるカエサルやアウグストゥスの「フォールム」が視界に入ってくる。つまり、都心中の都心であるこの一帯は、公共建造物で埋まっていたのである。

とはいえ、歴代の権力者たちが競って建てたにしては、俗悪な印象はまったくなかった。柱廊一つを例にとっても、屋根をささえるだけが目的ならば、あれほどの数は必要ない。だが、柱が立ち並ぶこと自体で美が生れる。建造物も、それがひしめき立つことによって、美と力を醸《かも》し出す。海を眼下にする断崖《だんがい》の上に孤立した神殿を建てるのがギリシア人の美意識ならば、ローマ人の美意識は、多くを一ヵ所に集めることで増幅される美と力のプレゼンテーションにあった。

しかし、ネロはギリシア文化に心酔していた。そのネロが考えたのは、ギリシア人が「アルカディア」と呼んでいた緑豊かな理想郷を、ローマの都心部に再現しようとする試みであったのだ。それが、パラティーノからエスクィリーノに至る五十万平方メートルもの土地すべてを使った、「ドムス・アウレア」の建設であった。

パラティーノの丘の下から、直訳すれば「通行の間」とするしかない「ドムス・トランジトリア」がはじまる。列柱回廊形式で、中央には四メートルものネロの黄金像が立つ。そこを通り抜けてオピウスの丘に登るまでの右側は、つまり現在コロッセウムの立つ低地は、広大な人工湖に変貌《へんぼう》する。オピウスの丘に立つ「ドムス・アウレア」（黄金宮殿）と呼ばれる本館の正面は、この人工湖に向って開いている。そして、その本館の背後のエスクィリーノの丘全体は、動物たちを放し飼いにする自然公園にする予定だった。人工湖への水は、ローマの北東に位置するティヴォリから遠路引いてくることになっていたらしい。オピウスの丘から湖を望む側はすべて、三列になって連なる列柱回廊で占められ、その全長は一・五キロにもおよぶ長さ。本館も広大でしかも奇抜で、サロンの天井は回転するように作られており、人々の頭上に花びらが降りそそぐ細工がほどこされていた。贅《ぜい》と技術の粋と夢のすべてを投入したのが、ドムス・アウレアであったのだ。

「ドムス」という私邸を意味する言葉を使ったことがまず、ネロの誤りであったと思う。なぜなら、この黄金宮殿には柵《さく》もなければ壁もない。皇帝のプライベート・ゾーンへの出入りは自由ではなかったろうが、人工湖にも自然公園にも、市民は自由に出入りできるのである。ネロの考えが、ローマの都心に緑を、であったからだった。もしも当時にもエコロジストがいたならば、ネロの考えに賛成したであろうと確信する。

しかし、ローマ人の都市に対する考えは、ネロのそれとはちがっていた。ローマ人は、都市とは、とくに都心部には、都市に必要なものがあればよいのであって、緑は郊外の山荘や海辺の別荘で満喫するものと考えていたのである。ローマ人のセカンド・ハウスへの執着は大変なもので、別荘ゆえに可能な庭づくりに傾ける情熱は、昨今のイギリス人に負けず劣らずである。

ところがネロは、「ドムス・アウレア」と名づけただけでなく、これでようやく人間にふさわしい住まいをもてる、なんて放言してしまったのである。都市では庭をもちたくてももてない市民たちの、反感を招いたのも当然だった。ネロにしてみれば、だから「ドムス・アウレア」にどうぞ、のつもりであったのだろうけれど。

結局はネロの死で完成には至らなかった「ドムス・アウレア」だが、ヴェスパシアヌス帝は人工湖の予定地にコロッセウムを建設し、金色のネロ像の頭部につけ替え、ティトゥス帝は庭園の南西部に浴場を建て、トライアヌス帝は本館を壊してそこに大浴場を、そしてハドリアヌス帝は「ドムス・トランジトリア」跡に神殿を建設することで、「ドムス・アウレア」は姿を消してしまったのである。市民の反感が皇帝たちの破壊行為を正当化したと同時に、ネロの都市観がローマ人の都市観と合致しなかったことを証明している。広大な湖よりも広大なコロッセウム、動物を放し飼いにした自然公園よりも市民の憩《いこ》いの場である公衆浴場のほうが、ローマ人の考える都市の活用法であったのだ。

だがネロは、もう一つの誤りも犯していた。工事再開の時期を誤ったのである。紀元六四年のはじめに着工していた「ドムス・トランジトリア」のほうは完成間近にあったのだが、それが大火で全焼していたのに、工事再開の時期を遅らせる配慮さえ忘れたのだ。ネロは、被災者の住宅再建には尽力したが、自分の宮殿再建のほうにも尽力してしまったのである。これは、「ドムス」イコール私邸と言葉どおりに受けとっていた一般市民を刺激しないではすまなかった。市民の間では、ローマから引越そうよ、ネロがローマ中を私物化しない前に、という冗談が流行した。

しかもさらに、大火による全焼地域が、ネロの「ドムス・アウレア」建設予定地とほとんど一致していたことが、市民たちの疑いを招いた。私有財産保護では徹底していたローマでは、皇帝といえども土地が必要になれば、所有者から買い上げねばならない。土地の買収には相当な時間と費用がかかるのも、所有者の一人一人と話をつける必要からである。だが、もしも焼けてしまったのならば、所有主もあきらめるから買収も容易になりやすい。火をつけさせたのはネロだ、という噂《うわさ》が広まった。エスクイリーノの別宅からネロは、竪琴《たてごと》を手に、炎上するローマを望見しながら、ホメロス作の『イーリアス』中のトロイの落城の場面を吟じたという噂が、被災の不幸を嘆いていた人々の間に広まったのである。

二十七歳のネロは、人々の反感や敵意に慣れていなかった。多くのことを彼らのためと考えてやってきたのだから、好感をもたれて当然と思っていたし、実際、それまでのネロは、ときには市民たちの笑いは買っても、総体的には愛される皇帝だった。それが、皇帝になってはじめて浴びる敵意である。彼はあわてた。人々の敵意を何らかの方法でそらさないかぎりいずれは自分の身におよぶという、強迫観念のとりこになった。そして、このような場合、悪知恵を授ける人は常にいるのだった。

## キリスト教徒・迫害

なぜネロは、放火犯として、キリスト教徒だけに的をしぼったのか。なぜ、自分たちには宗教上の事情があるとしてローマ社会の一員になることを拒否しつづけることではキリスト教徒と同じの、ユダヤ教徒はそれをまぬがれることができたのか。

ユダヤ教徒たちは、紀元六四年夏のローマの大火では無傷ですんだ四つの行政区の一つ、テヴェレ河西岸部の第十四区にまとまって住んでいた。初代皇帝アウグストゥスが、そこでならばコミュニティーを組織することを許したからである。その時代にはまだ、キリスト教は存在しなかった。キリスト教が生れるのは、二代皇帝ティベリウスの晩年である。イエス・キリストが十字架刑に処されたのは、紀元三三年とされている。そして、イエスの死の後からはじまった使徒たちによる布教活動は、当然だが、まずはイエスや使徒たちと同じユダヤ人に対して行われた。ユダヤ人社会はローマ帝国の重要都市のすべてに存在したから、ローマにもキリスト教布教の手は伸ばされる。それゆえ、三代皇帝カリグラと四代皇帝クラウディウスの時代のローマのキリスト教徒は、テヴェレ河西岸部のユダヤ人社会に同居していた。

しかし、新しい運動は、それが何であれ、最も身近な人々からの反撥《はんぱつ》をまず浴びるものである。イェルサレムのユダヤ教会の敵意が、イエスの処刑の真因であったという事情もあった。ネロ時代に入ってからのローマ在住のキリスト教徒は、彼らの大半はユダヤ人だったが、ユダヤ人居住区である第十四区からは遠く離れた、しかも第十四区とはテヴェレ河をへだてた対岸にある、別の地域に住むようになったのである。その地は、カエサルが破壊させたとはいえローマにはまだ各所に残っていた、共和政時代のセルヴィウス城壁の外側の第十二区だった。大火では半焼地域に入るが、市外としてもよい一帯だったので、被災の度も低かったのである。

ローマ人は多神教の民であるがために宗教面では実に寛容であったので、ユダヤ教の分派としか見ていなかったキリスト教に対しても、社会不安の原因にならないかぎりは許容する方針をつづけていた。しかし、寛容とは、相手に同意することではない。同意はしないけれども、相手の存在は認めるということである。ユダヤ教徒に対するローマ人の態度は、この意味の、私の思うには真の、寛容であったのだ。

このローマ人とローマに住むユダヤ教徒の間にさしたる摩擦も起らなかったのは、ユダヤ教の選民思想も関係していた。ユダヤ人は、自分たちだけが神から選ばれた民族だと信じている。選民なのだから、それが他民族にもおよぼうものなら、もはや選民ではなくなる。ゆえに、自分たちの内部でのユダヤ教の堅持には熱心でも、他民族への布教には不熱心になる。ユダヤ教の布教など、聴いたこともないではないか。

反対にイエスは、キリスト教の神の前には人間は皆平等である、と説いた。ユダヤ的な選民思想からの脱却である。だが私は、イエスの平等思想は、「キリスト教の神の前には」という前提条件がある以上、これも別種の選民思想であると思っている。とはいえ「選民思想」のこのちがいが、ユダヤ教徒の他者への態度と、キリスト教徒の他者への態度のちがいにつながったのである。つまり、他教徒への布教に不熱心なユダヤ教と、熱心なキリスト教のちがいだ。

シェンキェヴィッチ作の『クオ・ヴァディス』中に、象徴的な一場面がある。ローマ有数の知識人で皇帝ネロの側近でもあるペトロニウスを、ローマで布教活動中の聖ペテロが訪問し、キリストの教えに帰依《きえ》するよう熱心に説く。それに対し、ペトロニウスは次のように答える。

「あなたの説く教えは、きっと正しいものだろう。だがわたしは、死なねばならないときは、自ら毒杯をあおることを知っている。だから、放って置いてほしい」

放って置かないのが、キリスト教なのである。キリスト教の立場からすれば、放っては置けないのも当然だ。彼らが信ずる神は唯一神《ゆいいつしん》であり、その神を信じない人は真の宗教に目覚めないかわいそうな人なのだから、その状態から救い出してやることこそがキリスト者の使命と信じているからである。だがこれは、非キリスト者にしてみれば、〝余計なお節介〟になるのだった。そして、当時のローマには、圧倒的に非キリスト者が多かったのである。

当時のローマ人の眼に映ったキリスト教徒の余計なお節介は、多神教の立場からすれば傲慢不遜《ごうまんふそん》と同じだった。『使徒行伝』中の一エピソードだが、ギリシアを布教中の聖パウロは、多くの神々（ギリシア人も多神教徒だった）に捧《ささ》げられた神像の列の最後に一つ、「いまだ知られざる神へ」と記された神像を見つける。ペテロとちがって戦闘的な布教者であったパウロは、群衆に向って声高《こわだか》に、「これこそがわたしの説く唯一神だ」と断言する。これに、ギリシア人が怒った。怒った人々は、パウロを街から追い出してしまった。

いまだ知られざる神へ、とは、人間の知恵がおよばないことがあるかもしれないという、謙虚な心情の表現である。それを、これこそがわたしの説く神と断言するのは、人間の限界を知らない傲慢さの表われと、多神教徒のギリシア人は受けとったのであった。敗者の神々までも受け容《い》れたあげくに三十万もの神々をもってしまうほどに寛容なローマ人も、怒ってパウロを追い出したギリシア人と同じように考える人々であったのだ。

これに加えて、ローマ人特有の感情もあった。

ローマ人は、破った後で自分たちと同化したエトルリア民族から、あらゆる事柄、アーチの造り方から儀式のやり方から剣闘士試合に至るまでのあらゆることを学んでおきながら、人身《ひとみ》御供《ごくう》の習慣だけは絶対にまねなかった。敗れたカルタゴ人の首都を不毛の地に変えてしまった前二世紀当時のローマ人の心中には、幼児を犠牲《いけにえ》に供するカルタゴ人への侮蔑《ぶべつ》があった。ケルト民族のドゥルイデス教を、ローマ帝国に加えたガリアからもブリタニアからも追放して恥じなかったのも、ドゥルイデス教には人身御供の習慣があったからである。ローマ人は、ギリシア人以上に、神に対してであろうと人間を犠牲に供する行為を嫌ったのだ。

キリスト教のミサではパンと葡萄酒《ぶどうしゅ》が供されることを、ローマ人も知っていた。そして、パンはイエス・キリストの肉を意味し、葡萄酒はイエスの血を意味することも知っていたのである。これは、ローマ人の考え方からすれば、自分たちが神に捧げる犠牲の牛や羊を、神前で焼き、それを切り分けて食するのと同じことだった。イエスの死も、単なる死ではなくて犠牲だと、キリスト教徒自身が言っていたからだ。自分たちは、犠牲に捧げた牛や羊の肉を食べる。しかし彼らは、犠牲に捧げた人間の肉を食べ血をすする。ローマ人にしてみれば、キリスト教徒は、エトルリア人以上の、カルタゴ人以上の、そして明らかな蛮族であったケルト民族以上の、野蛮な人間に見えたのである。一般のローマ人のキリスト教への感情は、忌《い》み嫌うというたぐいに近かった。

キリスト教徒に対する態度では、知識人となればやはりちがった。歴史家タキトゥスの見るキリスト教徒は、ローマ人の創設した人間共生体のルールを乱そうとする、暗く不吉な敵であったのだ。三百年後のローマ帝国を予言するかのような、正確な把握であったと言うしかない。

しかし、ネロ時代のローマのキリスト教徒のコミュニティーは、ユダヤ人社会に比べても小規模で弱体で、徹底的な迫害によって壊滅を期さねばならないほどの勢力ではなかった。それに、ユダヤ人社会がもっていた皇帝の妃ポッペアのような、保護者ももっていなかった。放火の罪を転嫁《てんか》するには、これらの種々の理由によって、ローマのキリスト教徒たちは最適であったのだ。その証拠に、ネロによるキリスト教徒告発の理由には、放火罪だけでなく、「人類全体への憎悪の罪」もあったのである。

逮捕は、一網打尽ではなく、いもづる式に行われた。キリスト教者と公言している数人を捕え、拷問《ごうもん》にかけることで他の人々までを告発させ、自白を引き出した後で裁判にかけていく。判決は、この場合はやらない前からわかっていて、死刑。逮捕から裁判もなしでの刑場への直行は、ローマ法に反した。ローマの司法機関は、告発を受けてはじめて行動を開始できるのである。そして、自白か証拠があってはじめて判決を下すことができた。

このときの殉教者の数については、タキトゥスをはじめとするローマ時代の史家の誰一人として書き残していない。だが、現代の研究者たちの大勢は、処刑法が手のこんだセンセーショナルなものであったことや、ローマ以外の都市のキリスト教徒のコミュニティーの規模などから推測した結果によれば、二百から三百人の間であったとする。それでもこれだけの数の人々の処刑は、キリスト教には無関係だった一般市民の眼を引くには充分だった。ネロが、単なる処刑よりも残酷な見世物にするつもりでいたからだ。ヴァティカンにあった競技場が、刑場に供された。

一部の人々は野獣の毛皮をかぶらせられ、野犬の群れに喰い殺されて死んだ。その他の人々は、ローマ時代には一般的な処刑法であった十字架にかかって死んだ。残りは、夜の見世物にとって置かれた。地表に並び立った杭《くい》に一人ずつくくりつけられ、生きたまま火をつけられるのである。燃えあがる人柱の集団は、観客席でかたずを飲む市民たちの顔を照らした。ネロも、競技場内に引かせた戦車の上からそれを観賞した。

しかし、多くのキリスト教徒に与えられた残酷な死は、市民たちの胸に、ネロが期待していたものとはちがう感情を巻き起こしたのである。ネロによる放火説は信じなかったタキトゥスでも、次のように書いた。「この人々がより重い罰に値したとしても、処刑のしかたの残酷さは、それを見る市民たちの胸を同情の念で満たした。市民たちは知っていたのだ。キリスト者と呼ばれるこれらの人々への残酷な運命は、公共の利益のためではなく、ただ一人の人の残忍な欲求を満足させるためであることを知っていたのである」

人々からは忌み嫌われていたキリスト教徒を放火犯に仕立てることで、自分に向けられていた市民たちの疑いを晴らそうとしたネロの意図は完全な失敗だった。放火はネロがさせたのだ、という噂《うわさ》はしぶとく残ることになってしまったのである。

ローマの歴史で、帝政時代にかぎらず共和政時代をもふくめた全歴史中で最も名の知られた人物は、ユリウス・カエサルでもなくアウグストゥスでもなく、このネロである。有名であるだけでなく、ローマ皇帝の代表者の如《ごと》くに思われている。ただし、ローマ帝国が健在であった時代はそうではなかった。ローマが滅亡し、世界の主人公がキリスト教徒に代わってから定着した評価である。紀元六四年のこの迫害事件が、ネロを、ローマ史上第一の有名人にしたのだ。キリスト教徒はネロを、「反キリスト《アンチ・キリスト》」と呼んで弾劾《だんがい》するようになる。この傾向は、二千年後の現代でもまったく変わっていない。

しかし、ネロによって行われたキリスト教徒迫害は、放火説の転嫁という目的のためか、首都ローマにかぎられていた。しかも、これ以後は二度とくり返していない。

キリスト教徒からも「賢帝」と評価される五賢帝時代ならば迫害には無縁であったかというと、必ずしもそうではない。トライアヌス帝の時代、イェルサレムとアンティオキアの司教二人が殉教している。また、マルクス・アウレリウス帝も、リヨンのキリスト教社会を弾圧した。だが、この時代でも、迫害の地はかぎられており、帝国全土におよぶことはなかった。弾圧の理由が、宗教上のことよりも社会の秩序維持にあったからだろう。

迫害が帝国全土におよぶようになるのは、三世紀に入ってからである。しかしまだ、紀元二五〇年までは一時的な現象に留まっていた。だが、紀元二五〇年を境にして一変する。二五三年、二五七年、二五八年と、キリスト教徒には受難の年が重なった。

しかし、紀元二六〇年から三〇三年までは、キリスト教徒迫害は嘘《うそ》のように影をひそめる。ローマ帝国に住むキリスト者にとっては、静かで安らかな時期が過ぎていった。

ところが、紀元三〇三年からは再び受難期を迎える。ローマ帝国再建を決意したディオクレティアヌス帝が、「ローマ人の創設した人間共生体のルールを乱そうとするキリスト教徒」を、帝国から一掃することに決めたからである。この時期に発せられたキリスト教徒を対象にした皇帝勅令の数だけを見ても、ディオクレティアヌス帝の断固とした決意がうかがわれる。キリスト教徒にとっては、最大の受難期であった。だがこれも、紀元三一三年のコンスタンティヌス大帝による、キリスト教徒の信教の自由を認めた勅令で終わりを告げる。皇帝間の権力闘争にうまく乗ったにせよ、キリスト教は勝利者になったのであった。

キリスト教徒迫害の歴史は、ざっと一望するだけでも以上のようになる。ネロ一人がキリスト教の敵とされるのは、公平を欠いている気がしないでもない。だが、ネロによる迫害の理由には、放火犯とその共犯者ということの他に、「人類全体への憎悪の罪」というものもあった。当時のローマ人の言う「人類全体」とは、「ローマ帝国」の意味である。ネロはやはり、その後につづいたキリスト教徒迫害の先鞭《せんべん》はつけたのだ。生前の彼は、思いもしなかったことであったにしても。

## 歌う皇帝

ネロは、ナイーブな性格の持主であった。自分に向けられる悪評や反感や敵意に、耐えることができなかった。「出る杭《くい》」になれば悪評も反感も敵意も当り前と、超然としていることなどとてもできない。このような性格の人は、極端に走りやすい。あわてて失地回復をはかることで醜態をさらすか、過剰に反応したあげくに攻撃的に出るか。いずれも、精神の平静を欠くがゆえの現象にすぎない。残酷なやり方で処刑されたキリスト教徒たちに同情を寄せる市民を見て、ネロはあわててしまったのである。

翌・紀元六五年は、「五年祭《ルーディ・クインクエンナーリ》」と名づけたローマン・オリンピックの二回目の年に当っていた。人々は「ネロ祭」と呼んでいたが、肉体と詩歌と弁論の競演というギリシア文化の粋とネロの信じている祭典は、一般ローマ人の間にもギリシア文化を浸透させるという当初の目的に加え、その年は、衰えた人気の挽回《ばんかい》という目的もあったのである。それでネロは、自作の詩を曲に合わせて歌う競演に、自分も出場すると言い出した。ナポリですでに試演はすませていたし、あのときは拍手喝采《かっさい》を浴びたので、ネロも自信があったのだ。それに何よりも彼自身が、ローマの民衆の前で歌いたくてしかたがなかった。

これには元老院もあわてる。皇帝のタレント化というスキャンダルを阻止するために、早々に元老院は次のことを決議した。ネロを、弁論部門と歌唱部門の優勝者とする、と。

これを、ネロは拒絶した。自分の才能は元老院の後押しなど必要なく、他の出場者たちと対等な立場で競い合うつもりであり、審判員の厳正な判定に従い、実力で月桂《げっけい》冠《かん》を獲得するつもりである、と言明したのである。元老院議員たちはもはや、手をつかねて見守るしかなかった。

歌う皇帝を観《み》に来た市民たちで、その日のポンペイウス劇場は満員だった。入場料は無料なのだし、ローマの春はただでさえ外に出たくなる気候。だが、三万は入るローマ一の野天大劇場が満席になったのは、ネロの出場と知って好奇心を刺激されたからである。

舞台に上がったときからすでに、ネロには拍手と歓声が浴びせられた。それが一段落するのを待って、竪琴《たてごと》をつまびきながら皇帝は、自作の詩をこれも自作の曲にのせて歌いはじめたのである。詩の才は、遺《のこ》っているいくつかの作品を見ても、まあ悪くはない、としてよい程度の出来である。曲のほうは、録音のない時代、後世のわれわれには判断のしようもない。だが、同時代人の評では、日本語で言う「下手の横好き」であった。歌手の命である声となると、悪くはない声だが声量を欠く、となる。

だが、このような評価は、観衆にとってはどうでもよいことであった。ネロも、懸命に歌った。歌い終って流れる汗をぬぐうときも、着ていたギリシア風の短衣《トゥニカ》の袖《そで》でぬぐった。汗ふき用の布でぬぐうのが上流の人のマナーだが、それだと召使を舞台上に来させねばならず、劇場では皇帝でいたくないネロの意に反したからである。そしてネロは、歌い終って審判たちの判定を待つ間も、他の出場者と同じように、舞台に片ひざをつき竪琴を胸にいだいた姿で、謙虚に判定を待ったのだった。これがまた、観ていた庶民を喜ばせた。ヤンヤの喝采である。優勝したかどうかは、史家たちは記していない。だが、大成功であったことは確かだ。審判員の下す評価と並んで観客の人気投票も実施されていたならば、こちらのほうではネロの第一位はまちがいのないところであったろう。出場者の中では誰よりもネロが、盛大な拍手と喝采と歓声を浴びたのだから。

しかし、観客席の前のほうの〝指定席〟に坐っていた元老院議員たちや「騎士階級」の男たちは、苦々しい表情を隠せなかった。そして、観客に混じって観ていた属州や同盟諸国から来ていた人々は、タレントをやるローマ皇帝にびっくり仰天したのである。

成功に大満足だったネロだが、二十八歳になろうとしているのに、あることに無知だった。人間というものはなかなかにやっかいな存在で、親近感と敬意は、彼らの心中では両立しがたい存在であることを知らなかったのだ。そして、皇帝の仕事は、敬意を払われないと進めて行けないということも知らなかったのである。同じ年の末、歴史上では「ピソの陰謀」と呼ばれるネロ殺害の陰謀が発覚した。

## ピソの陰謀

ガイウス・カルプルニウス・ピソは、このようなケースではかつがれる人物の典型であった。まず、家柄が良い。共和政時代からの名門貴族で、ユリウス・カエサルの最後の妻の実家でもある。結婚は政略と割り切っていたカエサルが婚姻関係を結ぶくらいだから、カルプルニウス一門は元老院の有力者だった。皇帝になって以後のユリウス一門からすれば強力なライヴァルで、それゆえカリグラ帝によって追放され、クラウディウス帝によって帰国を許されたという歴史をもつ。

ピソ自身も、他者には寛大で親切に対する紳士であり、容貌《ようぼう》体格も、すらりと背が高く中老期に入っても美男だった。いまだ三十前なのに肥え太る一方であったネロと比べれば、軍装姿でもトーガ姿でもよほどローマ男らしかった。だが、才能や性格となると、平凡であったとするしかない。並はずれた才能や強烈な性格の持主でなかったからこそ、ネロを殺した後の皇帝に目されたのだろう。

ユリウス・カエサルの暗殺を決行した「ブルータスの陰謀」とこの「ピソの陰謀」

を比べてみると、完璧《かんぺき》に二つの点でちがっていることがわかる。
「ブルータスの陰謀」は、広大になった帝国を一人が統治するか、それとも以前と同じように、元老院主導という寡頭《かとう》政でつづけるかに分れた、国体をめぐる意見の対立にあった。この意味ではカエサルは革新で、ブルータスは守旧であったのだ。だが、これとともに、陰謀加担者の何人かがカエサルに対していだいていた、私的な怨念《おんねん》も原因になったのである。

一方、「ピソの陰謀」には、この二つともがない。陰謀加担者の中には心情的な共和政主義者はいたが、彼らでさえ、帝政を倒して共和政を復活させるとは考えていなかった。広大なローマ帝国の統治は、元老院に体現される少数指導制よりも一人が責任をもって当る帝政のほうが現実的であることは、もはや多くの人が納得する概念になっていたのである。ネロ殺害を目的にした陰謀参加者の数は、二十人から三十人の間。その中の一人といえども、個人的な野心や私恨や恐怖から加担したのでなかった。全員が、ローマ帝国の将来を憂慮する想い、彼らの言葉では「共同体の利益」を守る義務感から陰謀に加わったのである。

陰謀の首謀者さえもいなかった。誰かが言い出してと言うよりも、帝国の行方を憂慮して話し合っているうちに自然に陰謀が形を成し、ネロを殺した後に誰を皇帝に据えるかも決まったのである。ピソを除けば、陰謀加担者のほぼ全員が、皇帝ネロと親しい人々だった。若い頃からのネロの遊び仲間であったり、元老院の中でもネロ寄りと思われていた議員たちであったり、そしてセネカは、もはや説明の要もないだろう、ネロの家庭教師で顧問でもあった人である。つまり、「ピソの陰謀」は、ネロ派の人々による陰謀であったことと、国体を変えるのではなくただ単に頭をすげ替えるのが目的であった点で、ブルータスによるカエサル暗殺よりもカリグラ殺害のほうに近い。カリグラもネロもいまだ三十にもならない若さ。排除したければ殺すしかなかったのである。

それがなぜ、決行を前にして発覚したのか。

陰謀参加者の一人に、スカエヴィヌスという名の男がいた。この人物が財産整理をやってしまったのである。遺言を生前に実施するかのように、これまでの忠実な奉仕への感謝という名目で召使たちに金《かね》を配ったのだ。配られた一人に、解放奴隷のミリクスがいた。スカエヴィヌスは、ミリクスには短剣の刃をよく砥《と》いでおくことを命じ、血止め薬や繃帯《ほうたい》の準備もしておくよう言った。

解放奴隷のいだいた疑惑は、これで決定的になった。主人のところにしばしば人が訪れ、主人のスカエヴィヌスはその男たちと、人払いをした後でひそひそ話し合っていたことも、今から思えば怪しかった。ミリクスは、妻に相談した。夫同様スカエヴィヌス家の召使であった妻は、あなたが黙っていても他の人から漏れるから、そのときに共犯者の罪をかぶせられるよりも今密告したほうがよい、と忠告した。ミリクスは、主人から砥いでおくよう言われた短剣をもって、パラティーノの皇宮が炎上し「ドムス・アウレア」もいまだ建造中とてローマの郊外に住んでいた、ネロの屋敷の扉をたたいたのである。

ネロは仰天した。皇帝に即位してからの十年余り、一度として彼を殺そうと謀《はか》った人はいなかったのである。在位四年で殺されたカリグラとちがって、自分は誰からも愛される皇帝だと信じて疑わなかったのだ。恐怖に駆られたネロは、ブルス死後に近衛軍団の長官に任命していた二人のうちの一人のティゲリヌスに、捜査の全権を与えた。このティゲリヌスがまた、低い生れというハンディを忠誠で帳消しにしようともくろむタイプの男だった。

スカエヴィヌスが逮捕された。だが彼は、シラを切りつづけた。短剣は砥いでおくのは当然のことであり、元奴隷の言と元老院議員の言のどちらに信を置くのかと詰め寄りさえもした。ネロは信用しそうになったが、ティゲリヌスは再びミリクスを尋問する。解放奴隷は、主人を訪れて話しこんでいた一人はナタリスであったと言った。ナタリスが連行された。ローマ社会では元老院階級に次ぐ「騎士階級」に属したこの男は、拷問《ごうもん》の道具を見せられただけでふるえあがってしまい、ピソとセネカの名をあげたのである。そして、ナタリスが白状したことを告げられたスカエヴィヌスも、弱気になったのか、次々と陰謀加担者の名をあげていった。セネカの甥《おい》で詩人のルカヌスの名も、その中にあった。

ネロと同年代のこの詩人は、伯父のセネカ同様にスペインで生れたが、幼い頃から伯父が教育を担当したので、ネロとは学問上の兄弟弟子になる。アテネの最高学府で学んでいた彼を呼びもどし、「ネロ祭」のテーマ讃歌を書かせたのもネロだった。アウグストゥスが定着させた「世紀祭」の讃歌は、詩人のホラティウスの作詩になる。ネロは、ヴェルギリウスと並んでアウグストゥス時代の国民的詩人であったホラティウスと同じ栄誉を、若き詩人にも与えたと思っていた。ルカヌスが心情的には共和政主義者で、この情熱的な詩人の書いた長編叙事詩『ファルサルス』が、表題が示すようにユリウス・カエサルとポンペイウスの決戦を歌ったものであり、しかも共和派にかつがれたポンペイウスのほうに肩入れした感情で満ちていても、ネロはルカヌスの起用を決めたのである。この若者までが、自分に剣を向けたのだった。

情熱的な若き詩人は、拷問には弱かった。彼が吐いた陰謀参加者の中には、尋問する側さえも信じなかった、彼自身の母親の名まであった。

ティゲリヌス配下の近衛軍団兵が、逮捕のためにローマ中に走った。覚悟したピソは、兵士たちが彼の屋敷の門をたたく前に、血管を切り開いて死んだ。翌年の執政官に選ばれていたラテラヌスには、自死する時間さえも与えられなかった。尋問も受けずに刑場に連行され、首をはねられた。

哲学者セネカが、積極的に陰謀に加担していたのか、それとも知っていて黙っていたのか、または完全に部外者であったのかははっきりしていない。セネカ加担の証言者はナタリス一人で、ナタリスも、自分はピソの使いでセネカを訪れ、セネカが会ってくれないというピソの苦情を伝え、それに対するセネカの答えをもって帰ったと言っただけなのだ。ただし、セネカの答えというのが、解釈しだいではどうにも受けとれるものだった。「われわれ二人がしばしば会うのは、どちらにとっても不都合を生む。とはいえ、引退し完全な私人になっているわたしが無事に余生を送れるかどうかは、ピソの運命しだいであるのは確かだ」

これで、陰謀加担者と断じられてしまったのである。ネロは、自分にとっては師であり補佐官であった老哲学者に「死を与えた」。つまり、自死する時間は許したのだった。

七十歳を越えていたセネカは、血管を切っても血の出が悪かった。死を早く迎えようと、哲学者は熱い湯を張った浴槽に身を横たえた。だが、それでも死ねなかった。汗を流すための発汗室のもうもうたる湯気の中で、ようやく死ぬことができたのである。死を前にしての彼の言葉には、ネロ弾劾《だんがい》の厳しい言辞はほとんどなかった。それよりもセネカは、哲学上の話を友人たちと交わしながら静かに死にたかったのである。こうして、政治に積極的にかかわったローマ史上唯一《ゆいいつ》の知識人は死んだ。あれほど期待し協力も惜しまなかったネロを、引退後のセネカがどう見ていたかを示してくれる言葉を、哲学者は一行も書き遺《のこ》していない。期待を裏切られた、で片づけるには、人間に対する洞察力では他の誰よりも深くなければならない知識人の総括としては単純すぎると、彼もまた考えたのかもしれない。それでも、引退後に書いた数々の著作に一貫して漂う沈鬱《ちんうつ》なトーンが、かつての愛弟子《まなでし》を遠くから眺める師の心境を映し出しているように思える。

反対に、単純であることが美徳になる武人たちの、死を前にした言葉は、気持が良いくらいに明快だった。

ネロ殺害の実行者に予定されていた近衛軍団の大隊長フラウスは、なぜ忠誠の誓言をした皇帝に対し剣を向ける気になったのか、というネロの問いに、次のように答えた。

「あなたを、憎悪《ぞうお》していたからです。とはいえ、あなたが皇帝にふさわしく敬意を払われるに値する人であった頃は、わたしほどあなたに忠実な部下はいなかったでしょう。しかし、あなたが母を殺し妻を殺し、競技会に夢中になり、歌手稼業《かぎょう》に熱中し、放火まで犯すようになってからは、あなたへの感情は憎悪しかなくなったのです」

中隊長としてもよい百人隊長のアスプルスも、昂然《こうぜん》とネロ批判をした後で死を迎えた一人だった。なぜわたしの死を望んだのか、というネロの問いに、百人隊長は次のように答えた。「あなたの犯す数々の誤りを正すには、あなたを殺すしかなかったのです」

選挙での交代が可能なシステムが存在しない政体では、それも絶大な権力を一身に集めた人に対しては、テロしかないのも事実である。陰謀参加者の全員が、ローマ市民権の所有者であった。市民権所有者とは、有権者のことである。

共謀者の名を告げるのと交換に罪をまぬがれたナタリス以外は、全員が自死か処刑で死んだ。ティゲリヌスと並んで近衛軍団の長官を務めていたルフスも、はじめのうちは尋問側にまわっていたのだが、結局は加担が暴露されて殺された。「ピソの陰謀」は、こうして失敗に終ったのである。ネロは、どのような想いであったのか、尋問のすべてを公開し、しかも出版させた。それを読んだ人々が、陰謀者たちの言動に共鳴することは怖《おそ》れなかったのであろうか。法律上の問題ならば、国家の第一人者に対する犯罪は国家に対する犯罪であるとした、アウグストゥスの定めた「国家反逆罪」に照らせば、陰謀加担者全員の有罪は明らかではあったのだが。

いずれにしろ、人は、自分に刃が向けられたと知れば、心を固くする。開放的であったネロも、警戒心の塊に変った。まもなくして、最愛の妻のポッペアが死んだ。孤独に悩み疑い深くなったネロでは当然の帰結だが、近衛軍団長官ティゲリヌスの権力にブレーキがかからなくなる。こういうこととなると情熱的に記すタキトゥスやスヴェトニウスが書く、恐怖時代の再現である。自死を強いられた人の中には、風刺文学の傑作『サティリコン』の作者で、ネロの取り巻きの一人でもあったペトロニウスもいた。この人は、キリスト教徒の側からローマを描いた小説『クオ・ヴァディス』中でも主人公の一人になっている。ネロを暴君一色で彩《いろど》るには、実在の人間の中でもペトロニウスは、主人公にすえるには最適だ。斜にかまえてはいても、ローマ人側からのネロ批判の一面を代表していたのだから。

いかなる仮説も、説得力をもたねばならない。体制（ローマ帝国）を批判するのに反体制（キリスト教）側からの批判ばかりでは、説得力が充分でない。完全な説得性をもつには、体制側からの批判もあったことを紹介するのは有効だ。それもとくに、皇帝とは親しい人のものであれば、なおのこと有効である。小説家とて、これくらいの戦略は立てる。ただし、文章を武器とする人の「戦略」は戦略とは言わず、「構成」と称するのだけがちがいだ。

親しい人々の離反がつづいたネロだが、皇帝の権力を乱用するだけで責務のほうはほったらかしにしていたわけではなかった。「ピソの陰謀」が解決するのを待っていたかのように、九ヵ月もの長旅を終えたパルティア王の弟ティリダテスが、ローマでの戴冠《たいかん》のためにイタリアに上陸したからである。すでに述べたように、ネロはナポリまで出迎えるという国賓待遇でこのローマの宿敵パルティア人を迎え、首都ローマでの盛大な戴冠式は無事終了した。これは、アルメニア王位をめぐるローマ・パルティア間の紛争を解決しただけでなく、ローマにとっての仮想敵国ナンバー・ワンのパルティアとも「平和《パクス》」を再確立した意味をもった。ひざまずくティリダテスの頭上にネロの手でアルメニアの王冠が置かれたとき、式場であるフォロ・ロマーノを埋めた一般市民はネロに、「皇帝《インペラトール》！」の声を浴びせた。真の功労者はコルブロだったが、庶民はそこまでは知らない。平和再復の功労者は、彼らの眼にはネロと映ったのだ。ネロは国政の最高責任者であるのだから、御膳立《おぜんだて》は誰がやろうと、それを承認した以上、公式な功労者は彼であることはまちがいなかった。皇帝ネロは、「平和《パクス》」を喜ぶ一般市民の歓声に応《こた》えて、ヤヌス神殿の扉を閉じさせる。戦いの神ヤヌスの神殿の扉が開いている間はローマは戦争状態にあり、平和になれば閉じられるのが、古来からの慣例になっていたのである。

この時期のネロは、「ピソの陰謀」でゆらいだ自信を、もち直したのではないかと思われる。ローマ市民中の「第一人者《プリンチェプス》」にすぎないという偽善的名称を名乗らねばならない身が、「皇帝《インペラトール》」の呼びかけを浴びたのだ。市民集会で、拍手と歓声によってトップに選ばれたようなものだった。

歴史に親しむ日々を送っていて痛感するのは、勝者と敗者を決めるのはその人自体の資質の優劣ではなく、もっている資質をその人がいかに活用したかにかかっているという一事である。この面でのネロは、下手《へた》と言うしかなかった。良くなった評判を落とすようなことばかりをやる。おそらく彼は、評判が良くなった以上は何でも好きなことをやれる、と考えてしまう性質ではなかったか。「平和」の守護神のように讃《たた》えられた直後に、憧《あこが》れの地ギリシアへの旅を決めたのである。それも、皇帝としての視察旅行ではない。歌手としての、力試しのための旅行だった。

## 青年将校たち

もしもネロが、予兆だけで早くも対策を立てる人であったら、ギリシア旅行を計画中のネロに届いた次の知らせは、ギリシアへの旅などは思い留まるべきだと考えさせたにちがいない。それどころか、ライン河やパレスティーナ地方のような、問題が起こりつつある地域の視察こそが今は大切だと考えたであろう。「ベネヴェントの陰謀」と呼ばれるそれは、「ピソの陰謀」に比べれば小規模で、芽のうちにつまれてしまったから、ネロは心配もしなかったのだ。だが、ほんとうは深刻に受けとり、単なる事後処理ではなく根源的な対策を立てるべきであった。なぜなら、はじめてローマ軍の主力である軍団が、反ネロで起《た》つ予兆であったからである。

首謀者たちが集まって密議をこらした都市の名をとって「ベネヴェントの陰謀」と呼ばれる紀元六六年の陰謀は、軍団の若手将校たちによるネロ暗殺計画である。彼らもまた、帝政を廃して共和政にもどすことは考えもしなかった。辺境勤務が長かったとはいえ、若くして軍団長や大隊長を経験しているこの人々は、ローマ軍ではエリートである。いずれは四個軍団以上を率いる司令官になることが約束されている彼らは、二十九歳のネロとは同世代に属した。同世代の若者からさえ、ネロは皇帝に不適と評価されたのである。憂国の想いにつき動かされた若将たちのリーダーは、アルメニア・パルティア問題解決の真の功労者でもあったコルブロの娘婿《むすめむこ》のヴィニチアヌスだった。「ベネヴェントの陰謀」は、ネロを殺しコルブロを皇帝に就けることに決まっていたらしい。らしいと書くのは、「ピソの陰謀」とは反対にこの「ベネヴェントの陰謀」は、詳細がまったく伝わっていないからである。「ピソの陰謀」の尋問記録は公表させたネロも、青年将校たちのこの陰謀の尋問記録は公表していない。公表するまでもなかったという理由もある。ベネヴェントで密議中のところを一網打尽にしてみれば、全員が軍隊勤務者。つまり、ローマ軍の最高司令官でもあるネロに忠誠誓言をした人々で、しかもそれを兵卒に先んじて守らねばならないはずの将官たちであった。現代ならば、軍事法廷で裁かれる分野に属す。古代ローマでも、市民には保証されている裁判の範囲外にあった。裁判もなく、全員が、と言っても十人にも満たなかったようだが、死刑に処されて終ったのである。そしてネロは、予定どおりにギリシア旅行に出発した。

## ギリシアへの旅

この時代までのローマの皇帝たちの中でも、ネロくらい外地を見ていない皇帝もいない。西はブリタニアから東はユーフラテス河、北のライン河口から南はサハラ砂漠までを網羅した広大なローマ帝国、統治する民族の数ならば六百に達するといわれるローマ帝国の最高責任者でありながら、ネロがそれまでに自分の眼で見た土地は、ローマ・ナポリ間にかぎっていたのだからあきれる。

広大なローマ世界の東西南北すべてを転戦したユリウス・カエサルは例外としても、机上の政略の人の観が強いアウグストゥスでさえ、皇帝になる前の内乱時代からはじまって皇帝になって以後も足跡を残した外地は多い。皇帝に即位したのが五十五歳になってからであったティベリウスとなると、それまでの外地経験は充分以上に充分だった。カリグラでさえ、四年足らずの統治期間中にライン河とドーヴァー海峡は自分の眼で見ている。それに、少年時代とはいえ、父ゲルマニクスに同行したオリエント旅行の経験もあった。クラウディウス帝も他国を知らないで皇帝になった人だが、ブリタニアの征服当時は現地に出向いている。これらの先達とは比較にならないほどに平和な状態の帝国を引き継ぎながら、ネロの外地経験の無さは驚くばかりだ。しかも、ギリシアに発《た》つまでのネロの統治期間は、十二年にもおよんでいたのである。十二年も皇帝をやっていて、自分の眼で見た土地はローマからナポリまでの間でしかなかったのだ。

ギリシアとその周辺

旅とは、情報を得るよりも、現地を自分の眼で見、空気を吸い、それによって土地《とち》鑑《かん》を養うのに役立つ。ネロには、この種のことの重要性への認識と、純粋な好奇心が欠けていたとするしかない。皇帝なのだから、やろうと思いさえすれば実行は簡単であり、辺境防衛にたずさわる軍団兵たちも、喜んで迎えたにちがいないのだから。

これに加えて、ネロは、本質的には臆病《おくびょう》な性格ではなかったか、とも思う。旅は、未知との遭遇である。どんなに細密な予定を立てていても、必ず予定外のことに遭遇する。ネロは、若いに似ず、それが恐《こわ》かったのだ。新しいことが嫌いであったのではない。〝ローマン・オリンピック〟も「ドムス・アウレア」を建てることでの都心部の大改造も、誰もがしなかった新しいことであった。だが、これらもまた、あくまでも彼が「予定したこと」の範囲に属したのである。このネロに、即興の演説は一つとしてない。自作自演の歌手としてのデビューも、成功が確実視されたナポリでまず行っている。ローマでの公演も、応援団の組織という手堅い手順を踏んだうえでの決行であった。

憧《あこが》れのギリシア旅行も、皇帝の属州視察ではなくて自作自演の歌手の腕試しが目的であったから、「アウグスティアーニ」と呼ばれた応援団を引き連れての旅行になる。

しかも、オリンピアの競技会もコリントでの競技会も、いずれも四年ごとの開催であったからその年はそれに当っていなかったのに、皇帝の命令ということで開催させたのである。オリンピアでは、競技種目にはない音楽の競演まで加えさせた。自分が出演するためであった。有名なこの二大競技会の他にも、ギリシアの各地で競技会を開催させ、ネロはそのすべてに出場した。応援団の声援と、歌う皇帝見たさで集まったギリシア人の拍手喝采《かっさい》のおかげで、ネロはそのことごとくに優勝し、黄金造りの月桂《げっけい》冠《かん》の数を増やしていった。常の月桂冠は月桂樹の枝葉でつくられるが、このときだけはネロのために黄金製にしたらしい。

ネロ憧れの竪琴を弾くアポロ神

それでもネロは、このギリシア旅行中、皇帝らしきことはいくつかした。その一つは、コリントの地峡を切り開いて運河を通し、イオニア海とエーゲ海をつなげる工事である。ペロポネソス半島をまわっていく時間と距離の短縮が、この土木事業の目的だった。ローマ人ではじめにこれを企画したのはユリウス・カエサルだが、その後の皇帝たちは誰も手をつけようとしなかった。地中海の「平和《パクス》」の維持には絶対に必要というわけではなかったからである。だが、コリント地峡を船で通れることによっての軍事上の利点は少なくても、経済上の利点ならば大きかった。ローマ帝国全域への人材の流出で衰退がいちじるしかった、ギリシア本国の経済の振興には役立つからである。

だがこれも、ネロの死で工事は中絶、その後も草が生えるがままに放置される。完成するのは、スエズ運河などでこの種の工事に人々の関心が高まった十九世紀になってからである。一千八百年後に再開された工事の際、ネロ時代の岩石をけずった跡がまだ遺《のこ》っていたという。

数多く獲得した月桂冠への返礼か、それとも心酔していたギリシアへの憧れの証《あか》しを遺したかったのか、ギリシア〝巡業〟中のネロは、ギリシア人が最も喜ぶものを贈った。ギリシア全土の「自由都市」への移行宣言である。「自由都市」とは、内政の自治を認められ属州税も免除されるという特典を与えられた都市を指し、それまではアテネとスパルタだけがこの特典を享受《きょうじゅ》していた。この二つの都市国家の人類の文明に対しての貢献を、ローマ人が尊重したからである。ネロは、アテネやスパルタ並みの特典を、ギリシア全土に与えると宣言したのだ。収入の一割になる属州税が免除されるとなれば、ギリシア人でなくても歓迎する。ギリシア人がこのネロを、最高の皇帝と賞讃したのも当然だった。

しかしこのことも、ネロの死後二年も過ぎないうちに白紙にもどされる。健全な常識人であったヴェスパシアヌス帝が、属州間での待遇の差異は帝国全域の統治上適切ではない、と判断したからである。ギリシア文化への憧憬《どうけい》と、冷徹を求められる統治は異なる分野に属す。だがこのヴェスパシアヌス帝も、アテネとスパルタへの特別待遇はそのままでつづけた。これもまた、「政治」なのである。

とはいえネロも、失敗から学ぶことはときにはしたらしい。ユダヤで勃発《ぼっぱつ》した反乱の対策には、はじめからヴェスパシアヌスに全権を与えている。指揮系統の二分で解決までに十年を空費してしまった、アルメニア・パルティア問題の轍《てつ》は踏まなかったのだった。

しかし、このときもネロの言動は、支離滅裂と言うしかなかった。ヴェスパシアヌスにユダヤ鎮圧の全権を与える一方で、ローマ帝国の安全保障を前線にいて担当している軍団兵たちの、胸中の想いを一変させるような愚挙を犯したのである。青年将校たちによる「ベネヴェントの陰謀」の事後処置のつもりであったのだろうが、この時期のローマ全軍の平穏な状態からしても、またこの後の彼らの変りようから見ても、ギリシア旅行中のネロがしたこの一事は愚挙以外の何ものでもなかった。

## 司令官たちの死

ライン河の防衛線を守るのに、ローマは八個軍団を常駐させている。上流から中流までの防衛を担当するのは高地ゲルマニア軍と呼ばれ、一人の司令官の指揮下に四個軍団が配置されている。中流から下流までを防衛するのは低地ゲルマニア軍で、これも一人の司令官の下に四個軍団が配置されている。二十五個軍団で成るローマ全軍の中でも、ライン河防衛の八個軍団は最強であるというのが、衆目一致の評価であった。この時期の司令官は、高地低地とも、偶然にもスクリボニウス家の兄と弟の二人であった。二人とも、前線勤務の長いベテラン司令官である。

ネロは、ギリシアにこの二将を呼びつけたのだ。そして、これと同じ時期、シリア属州の総督としてユーフラテス河の防衛線堅持の責任者であった、あのコルブロも呼びつけていた。

三将とも、最高司令官の命令ゆえ、また、彼らが受けとったネロの手紙が皇帝からの彼らへの感謝にあふれた内容であったので、二人は西から一人は東から、不審にも思わずにギリシアに向ったのである。しかし、ギリシアに到着した三人を待っていたのは、皇帝からの招宴の通知ではなく、皇帝からの死の通知だった。ネロは、会いもしないで死を命じたのだ。ライン河から来た二人は、ネロが迎えに送ったティゲリヌス指揮下の近衛軍団兵に囲まれて自死を強いられ、コルブロのほうは、これもネロが迎えに送った近衛軍団兵から、自死を命じたネロの親書を受けとった。

誰よりも詳細な記録を遺《のこ》したタキトゥスの『年代記』ではこの時期以降が失われてしまっているので、アルメニア・パルティア問題解決の真の功労者であったコルブロの最期《さいご》を示す確実な史料はない。彼がどのような想いで自刃《じじん》したのかについては、それゆえに想像の域を出ないのである。いずれにしろ、一言の弁明もせずに、剣でわれとわが身を刺したことだけは事実であった。この三将とも、「ベネヴェントの陰謀」にほんとうに加担していたのか、それともただ単に、血気盛んな青年将校たちの口の端《は》にのぼったにすぎないのか。これもまた、真相は闇《やみ》の中である。しかし、ネロは、ライン河とユーフラテス河という、帝国ローマの最重要前線を長年にわたって守ってきたベテラン中のベテランの武将三人ともを、確実な証拠もないのに殺したことだけは確かであった。しかも、彼らに忠実な部下たちの集まる勤務地から引き離した後で死を命ずるという、卑劣なやり方で殺したのである。

学者たちは、それでも軍団は反ネロに起《た》たなかったと、ローマ軍内に皇帝へのへつらいの気分が蔓延《まんえん》していた証拠でもあるように書く。たしかに、自分たちの司令官を殺されても、部下の兵士たちは、この時期ならば起たなかった。だが、反ネロで起たなかったことは、反ネロの感情を胸中にいだかなかったことと同じではない。ローマ軍の主力でありローマ市民でもある軍団兵たちのネロを見る眼は、これを機にしてやはり変ったのである。でなければ、これから一年も経ないで起る、彼らの決起が説明できない。ネロは、確かな証拠もなしに三人の司令官を殺したことで、ローマ全軍を敵にまわすことになってしまったのである。軽率というよりも、愚挙というしかなかった。

放っておけばネロは、いつまでもギリシアに居つづけたことだろう。だが、皇帝でもある以上、そのようなわがままは許されなかった。留守中の内政をまかせていた解放奴隷ヘリウスのやんやの催促をしりぞけきれず、一年半ぶりに帰国したのである。南伊の港ブリンディシに上陸したのは、紀元六八年の一月下旬であったという。

ネロの帰国は、彼にしてみれば、凱旋《がいせん》将軍の帰国であった。ゆえに、凱旋将軍そのままに、途中のナポリにも、そしてローマにも、凱旋式を挙行することで入城したのである。

## 凱旋式

ギリシア旅行のすべてに同行した応援団が、各自一本ずつのプラカードをかかげて先行した。戦いに勝って凱旋した人の場合は、これがローマの凱旋式の常であったのだが、プラカードには勝利に終わった戦闘の各場面が描かれている。字の読めない人にも理解できるようにとの配慮からだが、ネロの凱旋式では、ネロが自作自演の歌手として優勝した場面が描かれていた。プラカードの列の後には、優勝で得た黄金の月《げっ》桂冠《けいかん》をかかげた一群がつづく。月桂冠の総数は一千八百八にのぼったというから、プラカードの数もこれと同じであったろう。最後に登場したのが、凱旋将軍のネロである。古式にのっとって、白馬四頭が引く戦車に乗っての登場だ。金糸のぬいとりのほどこされた深紅の大マントをはおるのは古式どおりだったが、緑もあざやかなオリーブの葉で編んだ冠を頭上にしているのがちがった。戦いで勝利に輝いた凱旋将軍の場合は、緑色では同じでも月桂樹の葉で編んだ冠である。

凱旋の行列の道順も、フォロ・ロマーノに達するまでは古式どおりだったが、そこを通り抜けてカピトリーノの丘に登り、最高神ユピテルの神殿に入って神に感謝を捧《ささ》げるのではなかった。フォロ・ロマーノに入ったところで左に折れ、パラティーノの丘に登る。そこに立つアポロ神殿が、凱旋式の最終目的地であったからだ。アポロ神は、芸術の守護神である。ネロは、戦争による勝利でなく芸術による勝利に輝く自分が捧げる感謝の相手は、アポロ神こそふさわしいと確信していたからである。

ネロのこの凱旋式に庶民たちは熱狂したと、史家たちは書く。だが、ローマっ子は、面白いものならば何にでも熱狂する。型破りの凱旋式は新奇な見世物であったし、得意満面のネロは一見に値した。

しかし、戦いに勝っての凱旋は、戦いに行かなかった人々もふくめた全国民の安全を獲得しての帰国である。竪琴《たてごと》をつまびきながら自作の詩を歌う〝巡業〟を終えて帰国したのとは、完全にちがう。ローマの庶民の熱狂が急速に冷めたとて、それは彼らの責任ではなかった。

だが、ネロは不満だった。ローマ人とは何たる非文化の民かと憤慨し、彼の考えでは文化の香り高いナポリへ行ってしまったのである。ローマでは、ローマン・オリンピックのときでもなければ歌えなかったが、ナポリでは、いつでもどの劇場でも歌えるという理由もあった。だがそこに、ガリアで起こった反乱を告げる知らせがとどいたのである。

## 憂国

ガイウス《個人名》・ユリウス《家門名》・ヴィンデックス《家名》は、その名を耳にしただけで当時のローマ人には、どのような立場の人物かがただちに理解できたにちがいない。かのガイウス・ユリウス・カエサルを思い起こせば、二千年後のわれわれにも理解可能だ。ヴィンデックスという家名だけでもガリア人と明らかなこの男の個人名であるガイウスは、ユリウス一門の男子に多い名であり、ユリウスという家門名は、百年前にガリアを征服したカエサルが、征服後にガリアの部族長クラスに自分の家門名を大盤振舞したときから名乗っている家門名。ヴィンデックスだけが、ガリアの一地方のアクィターニア（現アキテーヌ）出身であることを示していた。

このガリア人は、父親の代からローマの元老院入りを果していた。クラウディウス帝による紀元四八年の、ガリア人にも元老院の議席を与えると決めた有名な法律の成果である。あの当時は、まずはローマとの友好関係の長いヘドゥイ族に認めることからはじめるとして、この法は成立したのだが、一部族に認めた以上はいずれはそれ以外の部族にも認められるのは、成立当初にすでに予想されていたことであった。そして事実、そのようになった。ヴィンデックスの父親は、ヘドゥイ族でなくアクィターニア族の出身であったのだから。

父を継いだヴィンデックス自身も、元老院議員になっている。それどころか、ガリアの属州の一つの「ガリア・ルグドゥネンシス」（リヨン属州）の総督に任命されていた。ローマ化の進んでいた「ガリア・ナルボネンシス」（南仏属州）と比較すれば文明化が遅れているとローマ人が見た、「長髪のガリア《ガリア・コマータ》」（中北部フランス）の有力者の元老院入りを認めたクラウディウス帝の法成立から、わずか二十年しか過ぎていない。征服者ローマ人の、被征服者への開放ないし同化路線の進度の速さは特筆に値する。植民地時代の朝鮮の総督に、日本人でなく朝鮮人を起用するのと同じことであった。

東にライン河、北にドーヴァー海峡、西に大西洋、南にピレネー山脈と地中海を控えるガリア全土は、合計して五つの属州に分れている。そのうちで南仏属州だけが元老院管轄《かんかつ》の属州で、他の四属州はすべて皇帝直轄の属州。ただし、ローマ軍団が常駐

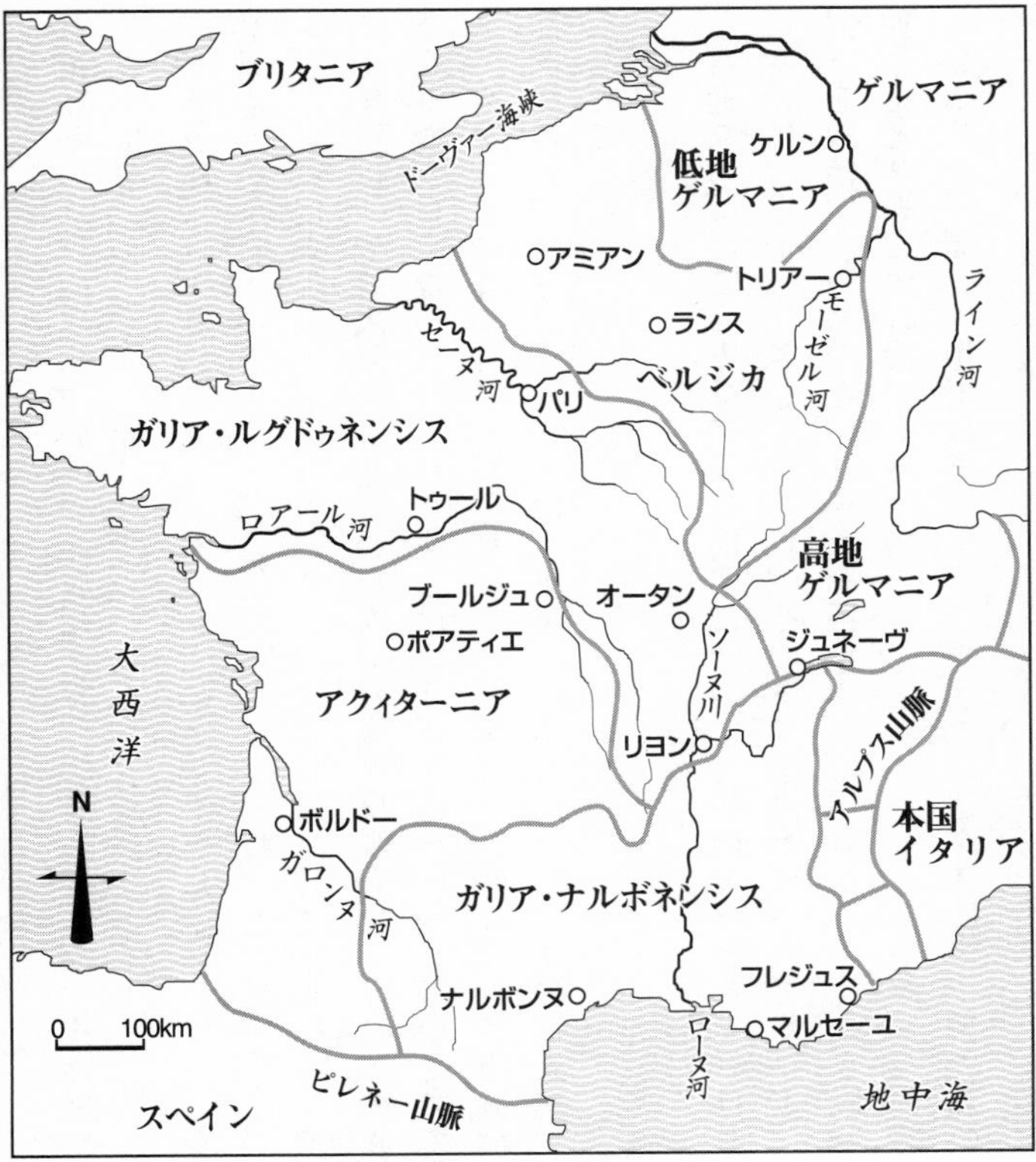
ブリタニア
ゲルマニア
ドーヴァー海峡
ケルン
低地
ゲルマニア
アミアン
トリアー
ライン河
モーゼル河
ランス
セーヌ河
パリ
ベルジカ
ガリア・ルグドゥネンシス
トゥール
ロアール河
高地
ゲルマニア
ブールジュ
オータン
ポアティエ
ソーヌ川
ジュネーヴ
大西洋
アクィターニア
アルプス山脈
リヨン
N
ボルドー
本国
イタリア
ガロンヌ河
ガリア・ナルボネンシス
フレジュス
ナルボンヌ
マルセーユ
0
100km
ローヌ河
ピレネー山脈
地中海
スペイン

ガリア全土

しているのは、四属州中の一つ「属州ゲルマニア」のみで、それはライン河の西岸部という防衛の最前線に位置していたからである。これ以外の「ベルジカ」も「ガリア・ルグドゥネンシス」も「アクィターニア」も、皇帝属州でありながらローマ軍の兵営もない。ローマ人が「長髪のガリア」の首都にしていたルグドゥヌム（現リヨン）に、二個大隊（一千足らず）を常駐させていただけである。つまり、ローマ人は、二十年前は元老院入りも許していなかった属州出身者に、ガリアの重要属州の統治をまかせただけでなく、一千足らずとはいえ軍事力も一任していたのであった。ユリウス・カエサルによってはじめられ、クラウディウス帝によって再確認されたローマの開国路線の、ヴィンデックスは「果実」であったのだ。この「果実」が、反ネロに起《た》ったのである。


普通ならば、このガリア人は同胞に向って、次のような檄《げき》をとばしたことだろう。

「ネロは、皇帝にふさわしくない。そのネロを皇帝にいただくローマ人には、ガリア民族を統治する資格がない。今こそ百年ぶりに、ローマの軛《くびき》から脱し、ガリア民族が独立をとりもどす好機である」

ところが、同じく檄ではあっても、ヴィンデックスはこう言ったのだった。

「ネロは帝国を私物化し、帝国の最高責任者とは思えない蛮行の数々に酔いしれている。母を殺し、帝国の有能な人材までも国家反逆の罪をかぶせて殺した。そのうえ、歌手に身をやつし、下手な竪琴《たてごと》と歌を披露しては嬉《うれ》しがっている。帝国ローマの指導者にはふさわしくないこのような人物は、一刻も早く退位させるべきであり、それによって、われわれガリア人を、そしてローマ人を、いや帝国全体をも救うべきである」

この檄をとばしたヴィンデックスの許《もと》には、たちまち十万にものぼるガリア人が集まった。だが、ガリア人というよりローマ人として反ネロに起ったこのリヨン属州総督は、同僚でもあるスペイン北東部の属州総督のガルバにも、決起を呼びかけたのである。あなたこそ、ネロに代わってローマ帝国の「第一人者《プリンチェプス》」になる資格者だ、と言って。

だが、リヨンのヴィンデックスからスペインにいるガルバにあてた親書がピレネー山脈を越える前にすでに、ライン河ぞいに駐屯する高地ゲルマニア軍団のほうが行動を開始していたのである。

ライン河を守る八個軍団には、河の向うのゲルマン民族の来襲にそなえる任務とともに、背後のガリアの秩序維持もその任務になっている。ガリアで反乱が起れば、皇帝に指示をあおぐ必要もなく、司令官は軍を出動して鎮圧しなければならない。その年の高地ゲルマニア軍の司令官は、軍団たたきあげのヴィルギニウス・ルフス。ヴィンデックスの許に十万のガリア人が集結したという知らせを受けるや、ルフスは軍に出動命令を発した。

いかに十万でも、ガリア人はローマ軍の精鋭の敵ではない。また、ローマ軍と闘うなど、ヴィンデックスも、またその許に集まったガリア人も予想していなかった。ゆえに簡単に蹴散《けち》らされた。ガリア側の死傷者を二万とする史家もいる。だが、ネロの排除を旗印にかかげた属州民の反乱を鎮圧した後で、ローマ軍団の兵士たちは、司令官のルフスにこう言ったのである。あなたに皇帝になる覚悟があるなら、われわれは支援を惜しまない、と。

ガリア人の反乱の鎮圧はしても、彼らローマ人も、反ネロではガリア人と想いをともにしていたのである。しかし、ルフスは断わった。兵士として、皇帝への忠誠宣誓に反する決意がもてなかったのか。それとも、たたきあげゆえに「騎士階級」にようやく加えられたものの、元老院議員でもない身分では望むべくもない大任を背負うことへのためらいがあったのか。だが、いずれにしろ矢は、すでに放たれていたのである。

## 決起

ヴィンデックスからの呼びかけを受けた総督ガルバは、ルフスとちがって迷わなかった。ガルバは、親代々の元老院議員という名門の出身である。八年にもわたる彼の属州統治は善政で知られてもいたので、公職者としても後ろ暗いところは少しもない。このガルバにしてみれば、たかだか二十年前に元老院入りしたガリア人でもいだいた憂国の想いに、ローマ人中のローマ人が遅れをとるわけにはいかなかったのだった。

現代ではスペインとポルトガルに分れているイベリア半島は、ローマ時代は三つの属州に分れていた。北部と東部を網羅する「ヒスパニア・タラコネンシス」と、南部一帯の「ベティィカ」と、西部の「ルジタニア」である。それでいてイベリア半島に常駐する三個軍団のすべては、ガルバが統治する「属州タラコネンシス」に集中していた。また、三人の総督のうちではガルバが最年長だった。

ガリア人の反乱が簡単に制圧され、ヴィンデックスが自死したという知らせも、このガルバの気持を変えはしなかった。ガルバは、属州総督が忠誠を誓うのは元老院と

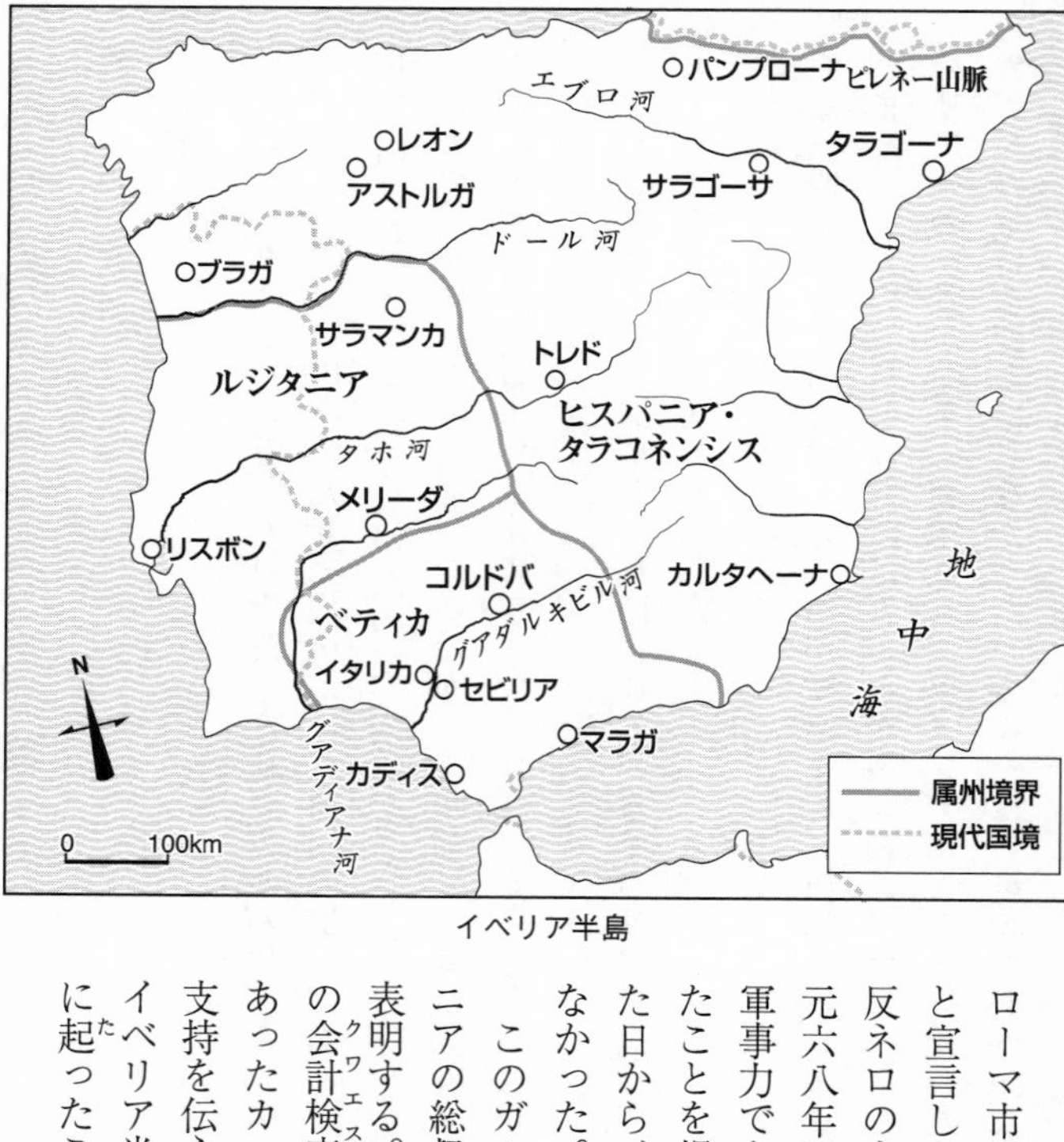


イベリア半島

ローマ市民に対してである、と宣言したのである。これは、反ネロの宣言でもあった。紀元六八年四月二日、ネロが、軍事力でなく文化で勝利を得たことを祝う凱旋《がいせん》式を挙行した日から、二ヵ月も経《た》っていなかった。

このガルバに、属州ルジタニアの総督のオトーが支持を表明する。属州ベティカ駐在の会計検査官《クワエストル》で総督代理でもあったカエキーナも、早くも支持を伝えてきた。つまり、イベリア半島全体が、反ネロに起《た》ったことになる。ガリア人のヴィンデックスの決起には動揺しなかったネロも、共和政時代からの名門貴族ガルバの決起には仰天した。さすがにネロも、ナポリを後に首都にもどった。

しかし、高地ゲルマニアの四個軍団は、司令官ルフスの拒否もあって動こうとしない。低地ゲルマニアの四個軍団も同様だ。これがネロを楽観的にし、元老院の態度をあいまいにした。

元老院は、総督ガルバを「国家の敵」とすることを議決する。スペインでガルバが、新たに一個軍団を編成したという知らせを受けたからだ。ローマ市民権所有者が条件の軍団は、まず最高司令官である皇帝の許可を得、最高司令官からの要請を受けた元老院が承認を与えてはじめて、編成にとりかかれることになっている。ガルバの行為は、元老院の主権の侵害と見られたのだ。

しかし、今度は市民たちが起ちあがった。彼らのネロへの不信に火を点《つ》けたのは、主食の小麦を運んでくるはずの輸送船がローマに着いてみれば、それにはネロの命令で、競技場で使われる砂が満載してあったことにはじまる。何度でもくり返すが、ローマ皇帝にとっての最重要責務は、国民の「安全」と「食」の保証にある。「安全」を実際に担当する軍をコントロールできず、そのうえ「食」の保証への無神経を見せつけられ、市民たちも怒ったのだ。

元老院は、「国家の敵」と宣告したはずのガルバと、秘《ひそ》かに連絡をとりはじめた。ガルバもすでに首都に腹心を送りこんでいたので、両者の連絡はネロに気づかれずに回を重ねることができた。

元老院は、ローマ社会では恵まれた人々で構成されていることもあって、保守的な傾向が強い。三十歳のネロと比べて七十二歳のガルバのほうが、安心できると思ったのだ。それにガルバは、前線の司令官の経験も豊富で、歴史家タキトゥスも書くように、「帝国統治の最高責任者になるには誰よりも適任だと、多くの人々から思われていた。ただし、実際にそれを担当してみるまでは……」であったのだ。このガルバがスペインから軍団を率いてローマに進軍してくる、と聴いただけで、元老院も市民も態度を決めたのである。

## 「国家の敵」

ネロの立場は、急坂を転がり落ちるようだった。信頼していた近衛軍団長官のティゲリヌスは、どこかに逃げてしまった。ティゲリヌスを頼りにできなくなったということは、本国イタリアにある唯一《ゆいいつ》の軍事力である、近衛軍団一万も頼りにできなくなったということである。もう一人の長官ニピディウスは、早くもガルバに乗り換えていた。

沈みゆく船から逃げ出すネズミのように、ネロの周囲からは、護衛兵はもとより召使の奴隷たちまでが姿を消した。エジプトに逃れるつもりで用意させた船も、船乗りたちが逃げてしまって無人の状態。

その彼に追い討ちをかけたのが、元老院による、ネロを「国家の敵」と断じた宣告の可決だった。これまた何度でもくり返すが、公式には「第一人者《プリンチェプス》」であるローマ皇帝は、元老院と市民の承認があってはじめて統治の正当権を得る。ゆえに、元老院から「国家の敵」とされることは、不信任されたと同じことになる。そして、元老院による「国家の敵」宣告を追うように、もはやニピディウス一人の指揮下に入った近衛軍団《プレトリア》も、ガルバを「皇帝《インペラトール》」に推挙すると決めた。近衛軍団もローマ市民権所有者で構成されている。つまり、立派に有権者だ。ネロは、元老院と市民から背かれたことで、帝国統治の正当性を失ったのである。逮捕のための兵を差し向けられるのは、もはやネロのほうだった。

それでもネロは、自死する気持になれなかった。あれほどの特別待遇を与えたギリシアに逃げさえすれば、ギリシア人は温かく迎え入れてくれると信じていた。一時は、パルティアに亡命することさえも考えたようである。だが今は、身の安全を期すことが先決した。

誰からも見捨てられたネロに最後まで付きそったのは、わずかに四人であったという。いずれも社会的には地位の低い召使で、その中の一人の解放奴隷が所有する郊外の家に、隠れることになった。首都から北に向って発しているサラーリア街道《ヴィア・サラーリア》とノメンターナ街道《ヴィア・ノメンターナ》の中間にあって、ローマからは六キロの距離にある。郊外なので、家屋敷もまばらなために、音は遠方までとどく。その家に入ったネロの耳には、近衛軍団の兵営の兵士たちがあげる「皇帝ガルバ、ばんざい！」の歓声が、東からの風に乗って聴こえてきた。

この前後のネロの見苦しい振舞いは、噂《うわさ》に尾ひれがついたのが定着した伝説であろう。はっきりしているのは、その家にも逮捕の手が伸びたのを知ったネロが、もはやこれまでと自死を決意し実行したことである。「これで一人の芸術家が死ぬ」という彼の最後の言葉も、真偽は明らかでない。だが、何やら気のきいた一句を口にするのが好きであったネロを思えば、ほんとうに言ったのかもしれない。ただし、ネロの考える気のきいた一句とは、「ドムス・アウレア」の完成を前に放った一句、これでようやく人間並みの住まいをもてる、と言ったときと同じに、常に誤解を生む役にしかならなかったのだが。

こうして、第五代皇帝のネロは死んだ。その日は紀元六八年六月九日、三十歳と五ヵ月と二十日の生涯であった。十七歳に満たない年で皇帝になってから、治世の十四年が過ぎていた。

初代皇帝アウグストゥスが建てた「皇帝廟《マウゾレウム》」に葬《ほうむ》られることなど、望める状態ではなかった。ネロの遺灰も、第三代皇帝カリグラ同様に、「皇帝廟」以外の地に葬るしかなかったのである。ネロを幼時から育てた乳母と、ネロの初恋の人であった元奴隷女のアクテが、質素な火葬を終えた後の遺灰を、ネロの実父のドミティウス一門の墓所に埋葬した。この場所がマルス広場であったことはわかっているが、マルス広場のどこかは、現代では不明である。

しかし、カリグラの墓とちがってネロの墓には、季節の花や果実の供物《くもつ》が絶えなかった。それらが常に新鮮で数も多かったことから、アクテや乳母が供えるだけではないことは明らかだった。ローマの庶民たちも、死んだネロには優しかったのだ。皇帝であったことさえ忘れるなら、ネロは、奇抜なことをやってくれる愉快な若者だった。それに、善政にだって無縁であったのではない。善政はしたのだが、それが持続しなかっただけである。とはいっても、持続する意志とは、リーダーには不可欠の要素ではあるのだが。

このネロを最後に、アウグストゥスがはじめた「ユリウス・クラウディウス朝」は崩壊した。百年つづいた後の崩壊である。だがそれは、単なる皇統の断絶というよりも、アウグストゥスが創造した、「デリケートなフィクション」としての帝政の崩壊を意味したと、私には思える。

カリグラ帝殺害のときは、皇統、つまりアウグストゥスの血、をいくらかでも引く者を探し出して皇位に就けることに、元老院も市民も、反撥《はんぱつ》どころか賛意を示した。クラウディウスの登位が、スムーズに行われたのはそれゆえである。登位には近衛軍団による剣の脅しが効あったのは確かだが、それだけで、元老院と市民を十三年間も押さえつづけることはできない。クラウディウスの登位は、現代風に言えばコンセンサスを得ることができたからである。

ネロには、カリグラ同様に子がなかった。しかし、アウグストゥスの血をいくらかでも引く者は、探そうと思えば探せなかったわけではない。女系をたどれば共和政時代からの名門貴族エミリウス一門に嫁いだ者もいたし、同じく名門のユニウス一門に嫁いだ者もいた。皇位をめぐるライヴァルと見られて、カリグラやネロによって粛清された者は多かった。だが、アウグストゥスの「血」を継承することこそがローマ皇帝の正当性とする考えをまだ人々がもっていたならば、探し出して皇位に就けうる者は皆無ではなかったのだ。もしもそのうちの誰かを皇位に就けていたならば、「ユリウス・クラウディウス・エミリウス朝」とでもなって、アウグストゥス式の帝政はこの後もつづいたのである。

しかし元老院は、ネロを捨て、アウグストゥスの「血」とは無関係のガルバに乗り換えることに、少しの抵抗感もなかった。そして、軍団兵であろうと民間人であろうと、市民もまた抵抗感をもたなかったのである。「ユリウス・クラウディウス朝」は、公式にはローマの主権者である元老院と市民から捨てられたのであった。それが、カリグラの死のときは頭のすげ替えだけで済んだのに、ネロの死の後は、ガルバでも収まらずに一年半の内乱を招いた理由になる。ではなぜ、百年が過ぎた頃になって不適格とされたのか。

比較少数であろうと複数の人が統治権をもつ共和政とちがって、一人に統治権が集中する君主政の欠陥は、チェック機能を欠くところにあると考えられている。事実、帝政であろうと王政であろうと、人類が経験した君主政のほとんどはチェック機能を欠いていた。

ところが、アウグストゥスが創設したローマの帝政にだけは、チェック機能が存在したのである。

私が試みた図を見てほしい。これを一見するだけでも、ローマ皇帝の権力が実にデリケートな基盤の上に立っていたことが理解できると思う。

しかし、このような不明瞭《ふめいりょう》な権力構造にでもしなければ、アウグストゥスは帝政を創設することができなかった。それでも創設したのは、広大なローマ帝国の統治には、少数指導制でもある共和政よりも、帝政のほうが適していると確信していたからである。それがカエサルの指し示した方向に歩むことにすぎなかったとしても、このアウグストゥスの確信が正しかったことは、その後の帝国統治の機能の見事さが証明している。一人や二人の皇帝の失政にも、帝国はびくともしなかったのだ。「平和《パクス》」は、維持されつづけたのである。

だが、自分が創設しただけに、また、「政治的人間《ホモ・ポリティクス》」そのものであったアウグスト

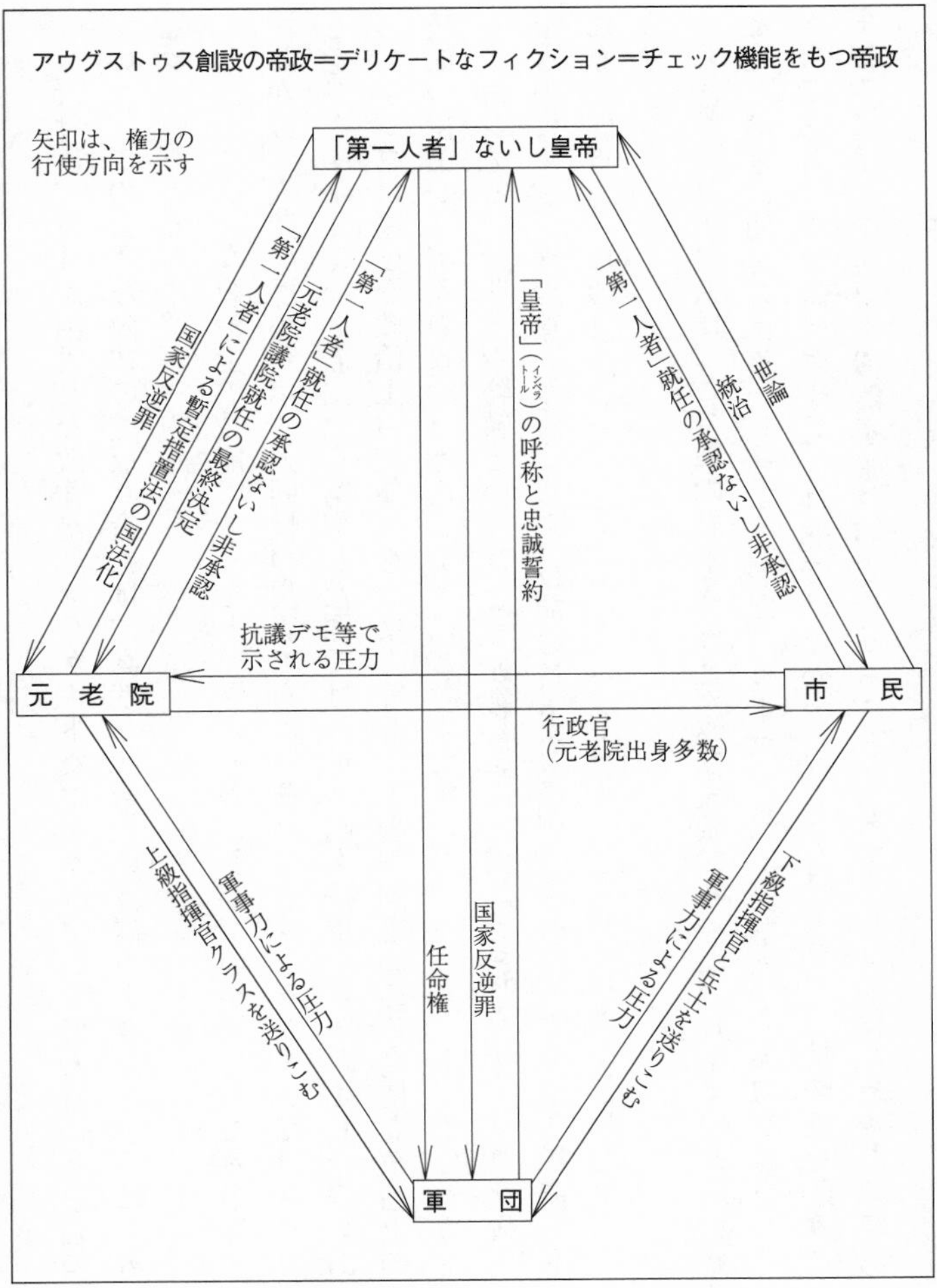
アウグストゥス創設の帝政＝デリケートなフィクション＝チェック機能をもつ帝政
矢印は、権力の
行使方向を示す
「第一人者」ないし皇帝
国家反逆罪
「第一人者」による暫定措置法の国法化
元老院議院就任の最終決定
「第一人者」就任の承認ないし非承認
「皇帝」（インペラトール）の呼称と忠誠誓約
「第一人者」就任の承認ないし非承認
統治
世論
抗議デモ等で
示される圧力
元　老　院
市　　民
行政官
（元老院出身多数）
上級指揮官クラスを送りこむ
軍事力による圧力
任命権
国家反逆罪
軍事力による圧力
下級指揮官と兵士を送りこむ
軍　　団

ゥスだけに、自分が創設した政体が「デリケートなフィクション」であることを知っていた。このような政体の舵取《かじと》り役には、高度な政治上の技能が必要とされることも知っていたのである。

しかし、高度な政治上の技能の持主をトップにもつことが、いかにまれなる幸運であるかは、人類の歴史が示す人間性の現実である。それで、フィクションではあってもデリケートではない君主政を選択した国では、世襲制を採用することにしたのである。トップは高度な政治上の技能をもたなくても、その周囲を固める高度な政治上の技能の持主が、実際の政治を行えるようにと考えたからだ。つまり、トップはバカでもチョンでも、「血」の継続ということで連続性だけは保証されるが、それを確実なものにするのは、高度な政治上の技能の持主の役割とされる。チェック機能をもたない弱点を、権威は認めても権力は与えないことで、カバーしようとしたのである。

しかし、ローマ人は、この種の君主政には無縁な民族であった。ローマでは、権威と権力は常に同一者に集中してきたのだ。ローマ人が、血統よりも実力を尊重したからである。王政時代ですら、世襲ではなかった。このローマ人に世襲制を飲みこませるには、チェック機能を張りめぐらせることで安心させる必要があったのである。

アウグストゥスが世襲制に執着したのには、まず第一に、都市人であったカエサルとちがって地方人であった彼には家族への執着心が強かったという理由があげられる。だがそれも、企業の創業者が息子に継がせたいというような、私的な野心ではなかった。皇位をめぐる争いで起こりがちな内乱を回避するのが、最重要目的であったと確信する。とはいえ、最高統治者の世襲制には、伝統的に馴《な》じまないのがローマ人だ。それで、皇帝になるには、「血」だけでは充分でなく、元老院と市民の承認を必要とする、と定めたのである。そして軍団も、自分たちの最高司令官と認めるのは、忠誠宣誓をした場合にかぎる、と。

だがこれは、公式上の決まりであって、内実は、第VI巻（文庫版第14〜16巻）で述べたように、アウグストゥスの巧妙な諸権力の配合によって、皇帝には絶大な権力が集中していたのである。しかし、権力とは、誰でも使いこなせるものではない。駆使する能力に恵まれなかったり使う勇気がもてない人の場合、権力はもたないも同然になる。そして、このような場合に頭をもたげてくるのは、公式上の決まりのほうなのだ。ローマ皇帝にとっての公式上の決まりとは、元老院と市民が権力委託の承認を取

アウグストゥスが創設した政体は「デリケートなフィクション」だった

り下げ、軍団が忠誠宣誓を拒否すれば、昨日までの皇帝でもたちまちタダの人になるということであった。ネロの末路が、この典型例である。

こうなると、「血」はもはや最重要な要素ではなくなる。私の想像では、ローマ人が考える血統とは、現代で言う付加価値ではなかったかと思う。ローマ人はあくまでも、実力の世界の住人であったのだ。そのローマ人にとっての「血」は、実体があってこそ価値を生ずるものにすぎなかった。ネロの後にアウグストゥスの血を引く誰かを据えなかったのは、あの時代のローマ人が、もはやアウグストゥスの血の価値を認めなくなったことを示している。

だがこれは、付加価値なしの実力が、共和政末期のように正面からぶつかり合う時代の再来につながらざるをえなかった。一日で決着がついたカリグラ帝殺害時とちがって、ネロ死後のローマが再び安定するまでには、一年半におよぶ内乱と、ガルバ、オトー、ヴィテリウスという三人の皇帝を経てヴェスパシアヌス帝で落ちつくまでの、混迷に耐えねばならなかったのである。ヴェスパシアヌスは、ユリウス一門やクラウディウス一門の血を引いていないばかりか、ガルバやオトーやヴィテリウスのような首都出身の元老院階級にも属していない。父親の職業すら定かでない、一地方都市出のたたきあげであった。

しかし、アウグストゥスの「血」とは訣別《けつべつ》したローマ人も、アウグストゥスの創設した帝政とは訣別しなかったのである。カエサルが青写真を描き、アウグストゥスが構築し、ティベリウスが盤石にし、クラウディウスが手直しをほどこした帝政は、心情的には共和政主義者であったタキトゥスですら、帝国の現状に適応した政体、とせざるをえなかったほどに機能していたからだ。ローマ人は、イデオロギーの民ではなかった。現実と闘う意味においての、リアリストの集団であった。紀元六八年夏からの一年半の混迷も、政体模索の混迷ではない。今後とも帝政で行くことでは、コンセンサスが成り立っている。問題は、誰を「一人の統治」の当事者にするか、であったのだ。だがそれゆえに、アウグストゥスの苦労の結果であった帝政におけるチェック機能の問題は、未解決で残されたことになった。いや、チェック機能としての皇帝暗殺が、正当化されるようになったとするべきかもしれない。

# 〔付記〕

## なぜ、自らもローマ人であるタキトゥスやスヴェトニウスは、ローマ皇帝たちを悪く書いたのか

現代イタリアでは、インテリで経済的にも恵まれている人だと言うと、ならば左派《シニストラ》ですね、という答えが返ってくる。

タキトゥスは元老院議員、スヴェトニウスは皇帝秘書官だった。前者のほうが、十五年ほど早く生れている。二人とも生年も没年もはっきりしていないのだが、六十から六十五歳の生涯であったようである。そして、『年代記』その他の著者であるタキトゥスも、『皇帝伝』の著者のスヴェトニウスも、ローマ帝国が秩序ある平和と繁栄を謳歌《おうか》していた時代に生きたローマ市民であった。

ネロの死の年、タキトゥスは十三歳前後であったかと思われる。スヴェトニウスは、まだ生れていない。ネロの死に次ぐ一年半の混迷の後、この二人の知識人が生きた時

代の帝国を統治した皇帝たちを順にあげると次のようになる（カッコ内は治世）。

ヴェスパシアヌス（六九—七九）

ティトゥス（七九—八一）

ドミティアヌス（八一—九六）

ネルヴァ（九六—九八）

トライアヌス（九八—一一七）

ハドリアヌス（一一七—一三八）

後半の三人は、五賢帝といわれる五人のうちの三皇帝である。

史家たちは二人とも、出身地もはっきりしない。それでも、タキトゥスが南仏属州の出身であろうというのは、もはや定説になっている。妻の父のアグリコラの家門名はユリウスで、その人の出身地ははっきりしていて南仏のフォールム・ユーリ（現フレジュス）。ガリア戦役時代のユリウス・カエサルがローマ市民権を与え、自分の家門名ユリウスも与え、元老院の議席も与えた多くのガリアの有力者の一人が、アグリコラの先祖であるからだ。属州出身者でも元老院階級に属すまでになった人は、娘の夫に同じ属州出の逸材を選ぶのは通例だった。だからタキトゥスも、当時はガリア・ナルボネンシスと呼ばれていた南仏の生れであった可能性は大なのである。

属州出身でも帝国ローマの上層部に属したタキトゥスとちがって、スヴェトニウスの父は第十三軍団の大隊長であったから、本国出身のローマ市民である。ただし、スヴェトニウスのキャリアから推測しても、中流のローマ市民というところであったろう。いずれにしても、二人とも、元老院議員であったり皇帝秘書官を務めたりして、権力の中枢《ちゅうすう》にはいなくても、権力の中枢を近くから見られる立場にはいたのである。

そして二人とも、心情的には共和政主義者であった。国政は、一人が決めるのではなく、元老院というエリート集団が決めるべきと考えていたからだ。とくにこの傾向は、自身元老院議員であったタキトゥスにおいていちじるしい。だが二人とも、ローマ帝国が秩序ある平和と繁栄を謳歌した時代に生きたローマ人なのである。

反体制は、ただ単に反対するだけでは自己消耗してしまう。自ら消耗しないで反体制でありつづけるには、現体制にとって代わりうる新体制を提案しなければならない。これをやってこそ、反体制として積極的な意味をもつことができるからである。

しかし、ローマが帝政下で平和と繁栄を享受《きょうじゅ》していた時代に生きた反体制は、それを提示することができなかった。もはや帝政は確固たるものであり、属州の民までふくめた帝国民のコンセンサスも得ており、それを廃して共和政時代のローマにもどるなどは、タキトゥスもスヴェトニウスも考えることはできなかった。

では、現体制にとって代わりうる新体制を提示できない場合、知的な反体制人はどこに、自らの道を求めるのか。

批判、である。それも、安易な。批判のための批判やスキャンダル志向に堕《だ》してしまうのは、それをしている人自身が、自分の言葉の効果を信ずることができないからである。研究者たちのよく言う「タキトゥスのペシミズム」の真因も、帝国の将来への憂慮ではなく、自身の考えの実現を望めないがゆえに生ずる憂愁に起因したと、私ならば考える。繁栄する資本主義国に生きる、裕福なマルクス主義者にも似て。

だがその結果、ドイツの歴史家モムゼンの言う「記述するまでもない事柄を記述し、記述すべき事柄を記述しない」ということになってしまった。現代の日本人が、大新聞の社説とスキャンダルでいっぱいの週刊誌の記事のみで自分たちが後世に伝えられるとしたら、どう思うであろうか。しかも、ローマ皇帝たちにとっては不幸なことに、タキトゥスの文章力は社説を書く記者の比ではなく、つまり読ませ、スヴェトニウスの文章も、週刊誌の記事よりはよほど愉快で、ゴシップ好きを満足させるものであったのだ。おかげで、二千年間も読みつづけられる結果になってしまったのである。共和政時代の知識人キケロも言っている。権力者批判はいつでも人気がある、と。もちろんのこと日本でも、昔からタキトゥスとスヴェトニウスの著作の日本語訳は存在した。

しかし、ローマ人によるローマ皇帝論から、非ローマ人によるローマ皇帝論に視野を広げれば、様子は相当にちがってくる。ギリシア人のストラボン、ユダヤ人のフィロンにヨセフス・フラヴィウス等々。これらの人々は、帝政になって以降のローマの元老院の六百人の議員が、国政を決める「自由」を失ったことなどには無関心だった。被支配者である彼らは、支配者ローマの伝統継承の当事者ではなかったからである。ローマ帝国に住む非ローマ人にとっての関心は、帝国がよく機能しているか否《いな》かであり、それによって自分たち非ローマ人の生活が支障なく送れるか否か、であったのだ。それで彼らは、良かった場合は良いと記し、悪かった場合は悪いと記述したのである。結果として、非ローマ人によるローマ皇帝論は、「記述するまでもない事柄は記述せず、記述すべき事柄は記述する」としてもよいものになったのだった。

だが、これら非ローマ人の著作にも欠陥はある。帝国の中枢からあまりにも離れているために、タキトゥスやスヴェトニウスの著作に見られる迫真力と説得性には劣る点である。それゆえ、後世にまで読みつづけられたという点では、皇帝を悪く書いてあるがためにキリスト教徒から歓迎されたという事情も加わって、タキトゥスとスヴエトニウスの著作のほうに軍配があがったのであった。

最後に、かほども後世のローマ史観に影響を与えたタキトゥスの作品を、その一部にしろ紹介してみたい。彼が心酔していた岳父のアグリコラについて書いた、『アグリコラ』と題した著作で、引用するのは、ブリタニア総督の任にあった時期の、アグリコラの統治を述べた部分である。

「休戦期である冬の間を、アグリコラは有効な政策の実施にあてた。それは、個々に別れた集落で野蛮な生活を営むがゆえに戦闘性を失わないブリタニア人を、平和で穏やかで文明的な生活に馴《な》じませるために成された施策であった。神殿やフォールム（集会広場）や石造の家屋を建てるのを、私的にも公的にも奨励した。進んでそれをやる人々には褒賞《ほうしょう》を与え、怠けている者は叱責《しっせき》したので、彼らの間でも競争になり、総督が強制する必要もなくなった。

さらにアグリコラは、部族長の息子たちには『教養を高めるための必要学科《アルテス・リベラーレス》』（英語ではリベラル・アーツ）を学ばせた。そして、親たちには、ガリア人の熱意よりもブリタニア人の資質のほうが役に立つ、と言ってはおだてたりした。その結果、それまではラテン語を拒否していた者までが、ラテン語の洗練された言いまわしを使って話すことを熱望するようになったのである。そのうえアグリコラはブリタニア人に、トーガを着用するとより立派に見えるとまで言って、ローマ人の服装を彼らにも勧めた。

こうして、少しずつブリタニア人は、本来の彼らの生活様式を忘れ、ローマ式の回廊や浴場や、ローマ式の食事のしかたのほうに魅了されていったのである。無知な彼らは、それを文明化と呼んで嬉《うれ》しがったが、彼ら自身の奴隷化の証明にすぎなかったのである」

ローマ人のやることだから、神殿や列柱回廊や会堂《バジリカ》や劇場や浴場だけでなく、現代のイギリスにある数多くの遺跡が示すように、街道も上下水道も敷設《ふせつ》したのである。しかも、庭園好きの現代のイギリス人が栽培する花の多くも、もともとはローマ人がもちこんだものであった。そして、英語の四〇パーセントは、ラテン語に語源をもつ。さらに、イギリスのエリートはドイツ人を、ローマによって文明化されなかった野蛮な民と言って軽蔑《けいべつ》した。チャーチルに至っては、大英帝国の歴史はカエサルがドーヴァー海峡を渡ったときからはじまる、とさえ書いている。イギリス人は、古代ローマの研究ではいまだに世界最高の業績を誇り、英国人による研究著作なしには、ローマ史を語れないほどなのだ。

このような英国人をタキトゥスが知ったら、何と言うであろう。ローマによるブリタニアの奴隷化政策もずいぶんと成功したものだと、皮肉な感想でも述べるであろうか。

しかし、ローマ式の平坦《へいたん》で直線につづく街道を見たブリタニア人は、以前よりは多くの荷を、以前よりは少ない労働力で運べることを知ったであろう。広い屋根つきの会堂《バジリカ》の中でならば、イギリスに多い雨の日でも、人々と会い話す愉《たの》しみも覚えたであろう。入浴の習慣は防疫《ぼうえき》にも役立つことを学んだであろうし、水道のおかげで遠方の泉にまで水を汲《く》みに行かなくてもすむようになったし、論理的に話し合えば、なぐり合いに発展することも少なくなると知ったであろう。タキトゥスも言うように、天も地も水気が多いブリタニアだが、気温はさして厳しくはない。ローマ式の短衣《トゥニカ》でも長衣《トーガ》でも、寒さにふるえる日は少なかったにちがいない。

これを奴隷化と断ずるタキトゥスは、私には、先進国の左派知識人を思い出させる。自分ではすべてを持っていながら、開発途上国の人々には、冷蔵庫や電気洗濯機や自動車を欲しがるから四六時中働くことになるのだと言い、本来の彼らの生活様式にもどるよう説く、恵まれた人の言葉でも聴くような想いにさせるのである。冷蔵庫や電気洗濯機がどれほど女たちの労働を軽減したかを、この人たちは考えてみたことはあるのだろうか。

歴史叙述者としてのタキトゥスには、私は心からの敬意を払う。だが、それでもしばしば、「そんなこと言ったって、タキトゥス」とでも抗議の声をあげたくなってしまうのである

| 年代 | ローマ帝国 本国 | ローマ帝国 西方属州 | ローマ帝国 東方属州 | その他の世界 |
| --- | --- | --- | --- | --- |
| 紀元四 | アウグストゥス、ティベリウスを後継者とすることを決定。また、ティベリウスの次の後継者にゲルマニクスを指名 | ティベリウス、ゲルマニア戦線に復帰、エルベ河を除く重要な河はすべて制する | ユダヤのヘロデ大王死去、王国を三分割して三人の息子にのこす<br>イェルサレムのユダヤ教徒が神権統治の復活を求めて蜂起、シリア属州総督ヴァルスが武力鎮圧 | |
| 五 | | ティベリウス率いるローマ軍、十四年ぶりにエルベ河に到達 | | |
| 六 | | ローマ軍、マルコマンニ族攻略を開始 | ユダヤ教徒の暴動再開を受けて、イェルサレムを中心とするユダヤ中部、ローマの属州に | |
| 七 | | パンノニアとダルマティアで反乱が勃発し、ティベリウスは急遽、マルコマンニ族と友好条約を締結 | | |

| | | | | |
|---|---|---|---|---|
| 八 | | | | (中国)王莽、漢を滅ぼし新を建国 |
| 九 | | 夏、パンノニアが降伏。冬、ダルマティアはローマに講和を求める<br>秋、ゲルマニア中部テウトブルグの森で、ヴァルス指揮下のローマ兵三万五千人が、アルミニウス率いるゲルマン兵によって皆殺しに | | |
| 一〇 | ティベリウス、三たび、ゲルマニア戦役担当の総司令官に。翌年、翌々年も継続 | | | |
| 一三 | アウグストゥス、ティベリウスをローマに呼びもどし、ローマ全軍の「最高司令権」を授与。以後、ゲルマニア戦線はゲルマニクスの担当となる | | | |
| 一四 | アウグストゥスと共同統治者ティベリウスの連名で国勢調査実施。ロ | | | |

本巻 | 前巻

| 年代 | ローマ帝国 本国 | ローマ帝国 西方属州 | ローマ帝国 東方属州 | その他の世界 |
|---|---|---|---|---|
| | ーマ市民権所有者総数は約四百九十四万人<br>アウグストゥス、ナポリに滞在中の八月十九日、没す。七十六歳 | | | |
| 一四 | 九月十七日、ティベリウス、「元老院の第一人者」となり第二代皇帝に | 北アフリカでタクファリナスに率いられた反ローマの蜂起はじまる<br>パンノニアでローマの軍団が反乱、ティベリウスは事態収拾のため息子のドゥルーススを派遣、鎮圧<br>低地ゲルマニアのローマ軍団でも反乱発生、ゲルマニクスがガリアから収拾に向かう<br>流血の粛清の末、低地ゲルマニアでの反乱鎮圧。ローマ軍、ゲルマン人を攻撃 | | |
| 一五 | | 春、ゲルマニクス、総計六 | | |

| | | | | |
|---|---|---|---|---|
| 一六 | | 万近い軍勢を率いてライン河を越え、敵将アルミニウスの妻と岳父をローマの手中にする<br>ゲルマニクス、八万の大軍を率いてゲルマニアに攻め入る。会戦でアルミニウス軍を破るも、帰途、悪天候に悩まされる | | |
| 一七 | 五月二十六日、ゲルマニクス凱旋式挙行<br>ゲルマニクスの次の任地、オリエントとなる。ティベリウス、通算二十八年にわたったゲルマニア戦役に事実上の終止符を打ち、ライン河の防衛体制を整備<br>ティベリウスの求めに従い、元老院、ゲルマニクスに「最高司令権」を付与<br>秋、ゲルマニクス、妻アグリッピーナと息子カリグラを伴い新任地へ出発 | | 小アジア南西部で大地震。ティベリウスの被災地対策により復興 | |
| 一八 | ティベリウス、小アジアの小王国カ | 一月、ゲルマニクス、「ア | ゲルマニクス、アルメニア | （中国）赤眉の乱 |

| 年代 | ローマ帝国 本国 | ローマ帝国 西方属州 | ローマ帝国 東方属州 | その他の世界 |
|---|---|---|---|---|
| | ッパドキアとコマゲネをローマの直轄属州に<br>ローマの売上げ税、一パーセントから〇・五パーセントに引き下げられる（ただし、時限措置） | クティウムの海戦」の跡を訪れる | 王国の首都アルタクサタに赴き、新王アルタクセスの戴冠式を行う<br>ゲルマニクス、翌年にかけて、エジプトへ赴く | |
| 一九 | ティベリウス、社会不安を招いたという理由でローマ在住ユダヤ人を一時的にイタリアから追放 | | 春、ゲルマニクス、エジプトからシリアへ帰還、パルミラへ<br>十月十日、ゲルマニクス死去 | |
| 二〇 | シリア属州総督ピソ、ゲルマニクスに対する不服従などの罪を裁判で問われ、自死 | | | |
| 二一 | ティベリウス、執政官となった息子ドゥルーススに施政をまかせ、ナポリ近郊で一年を過ごす<br>ティベリウス、北アフリカ問題の解決のため、指揮系統を一本化し新総督を派遣 | タクファリナスに率いられた北アフリカの騒乱、勢いを増す<br>ガリア東部で金利の高さに反撥して反乱勃発。ローマのライン河防衛軍団、 | | |

| | | | | |
|---|---|---|---|---|
| | 元シリア属州総督クィリーヌス死去、国葬 | 即座に鎮圧を開始 | | |
| 二一 | ティベリウス、元老院に対し、ドゥルーススに「護民官特権」を付与するよう求め、賛成を得る | | | |
| 二三 | ドゥルースス急死<br>ティベリウス、ライン河とドナウ河の防衛軍団の任務整備をはじめ、帝国全体の防衛システムの「手直し」を実施。軍団兵の欠員補充、補助兵の定数決定なども行う | タクファリナスの戦死により、北アフリカ問題が解決 | | (中国)王莽、劉秀に敗れ死去、新滅亡 |
| 二五 | | | | (中国)劉秀、光武帝として即位、後漢が成立 |
| 二七 | ティベリウス、カプリ島に隠遁<br>ローマ近郊の小都市フィデネで、剣闘士試合場の観客席が崩壊、死傷者五千人を出す<br>ローマの「チェリオの丘」が火災で全焼 | | | (中国)赤眉、光武帝に投降 |

| 年代 | ローマ帝国 本国 | ローマ帝国 西方属州 | ローマ帝国 東方属州 | その他の世界 |
| --- | --- | --- | --- | --- |
| 二八 | | ライン河下流の東岸に住むゲルマン人の一部族がローマに反旗、鎮圧するもローマも九百兵を失う | | |
| 二九 | ティベリウスの実母でアウグストゥス未亡人のリヴィア死去<br>この年の末、ゲルマニクスの未亡人アグリッピーナと長男ネロ・カエサルの有罪が確定、それぞれヴェントーテネ島とポンツァ島に流罪と決まる | | | |
| 三〇 | アグリッピーナ母子の流刑執行。次男のドゥルースス・カエサルも国家反逆罪に問われ幽閉される<br>ネロ・カエサル、流刑先で死去 | | | |
| 三一 | 一月一日、アグリッピーナ派一掃の中心人物・近衛軍団長官セイアヌス、ティベリウスとともに執政官に就任 | | | |

ティベリウス、執政官を辞任。その後、密かにセイアヌスを近衛軍団長官から解任し、マクロを後任に任命

十月十八日、元老院にあてた書簡で、ティベリウスがセイアヌスを国家反逆罪で告発、元老院は死刑の判決を可決し、その日のうちに処刑執行

三三

流刑中のアグリッピーナ、ヴェントーテネ島で死去。次男のドゥルースス・カエサルも死去

属州で高利をむさぼっていた元老院議員が告発されたことに端を発し、金融不安と地価の下落から、ローマに一大金融危機発生。ティベリウスは「公的資金の投入」をはじめさまざまな対策を打ち出し、危機をひとまず鎮静化させる

三四

アルメニア王アルタクセスの死をきっかけにパルティアが介入、翌年、ティベリウスはヴィテリウスをシリアに派遣して事態

| 年代 | ローマ帝国 本国 | 西方属州 | 東方属州 | その他の世界 |
|---|---|---|---|---|
| 三六 | ローマの「アヴェンティーノの丘」を大火が襲い、ティベリウスは即座に被害者救済と再建対策を実行に移す | | に対処させる。パルティアはアルメニアから撤退 | |
| 三七 | 三月十六日、ナポリ湾西端のミセーノ岬のヴィラでティベリウス死去、七十七歳<br>三月十八日、元老院、ゲルマニクスの三男カリグラにすべての権力を付与する決議を行い、カリグラが第三代皇帝に<br>九月二十七日、「国家の父」の尊称がカリグラに贈られる<br>十月、カリグラ大病を患う | | | |
| 三八 | 初夏、カリグラの妹ドゥルシッラ死去<br>カリグラ、新たな水道の建設を発表 | | エジプトのアレクサンドリアでギリシア人とユダヤ人の対立激化、暴動に発 | |

| | | | | |
|---|---|---|---|---|
| | 十月、ローマで火災発生 | | 展。フィロンを首席とするユダヤ使節団、ローマへ向かう | |
| 三九 | 国家財政の破綻明らかに<br>春、カリグラ、ユダヤ人およびギリシア人の使節団と会見 | 秋、カリグラ、ガリアへ。ゲルマニア進攻を画すも断念 | | (中国)後漢、全国の農地と戸口の調査を実施 |
| 四〇 | 五月末、カリグラ、ローマに帰還、八月三十一日には凱旋式を挙行<br>カリグラ、妹のアグリッピーナとユリア・リヴィアをカリグラ暗殺の陰謀をめぐらせたかどで流刑に。この頃から元老院階級とも対決状態に | 三月、ブリタニア進攻をあきらめたカリグラ、ドーヴァー海峡に臨む地で示威行動実施 | ユダヤでギリシア人とユダヤ人の対立激化、カリグラに捧げられた祭壇をユダヤ人が粉砕、カリグラはシリア総督ペトロニウスに対し、イェルサレムの大神殿にユピテル神像を立てるよう命じる | |
| 四一 | 一月二十四日、カリグラ、近衛軍団大隊長のカシウス・ケレアとコルネリウス・サビヌスによって殺害さる。二十八歳。妻カエソニアと娘も同時に殺される<br>**同日、元老院はクラウディウスにカリグラの有したすべての権限を付与する決議を行い、クラウディウ** | | クラウディウス、ユダヤの統治をヘロデ大王の一族のヘロデ・アグリッパに委ねる。イェルサレムを中心とするユダヤ中部は三十五年ぶりに王による統治に<br>クラウディウス、アレクサ | |

| 年代 | ローマ帝国 本国 | ローマ帝国 西方属州 | ローマ帝国 東方属州 | その他の世界 |
| --- | --- | --- | --- | --- |
| | スが第四代皇帝に<br>クラウディウス、「国家反逆罪法」を理由にしての処罰を廃止、同法によってヴェントーテネ島に流罪となっていたカリグラの妹アグリッピーナもローマに戻る | | ンドリアを正常化 | |
| 四二 | クラウディウス、ローマの外港オスティアに新たな港の建設を決め、着工 | ブリタニアで最も強大な部族の長クノベリヌスが死去し、ブリタニアからさらに北東ガリアにまで、後継者争いが広がる | | |
| 四三 | クラウディウス、ブリタニア遠征の総司令官にアウルス・プラウティウスを任命 | プラウティウスは四万の兵を率いてブリタニア南東部に上陸、テームズ河南での緒戦に勝利<br>クラウディウス、ブリタニアに渡りローマ軍と合流、コルチェスターに入城し、属州化の基本政策を定める | | |

| | | | |
|---|---|---|---|
| 四四 | ローマに戻ったクラウディウス、凱旋式挙行。妻のメッサリーナも列に加わって人々を驚かせる | | ヘロデ・アグリッパの死を機に、ユダヤはローマの直轄統治に戻る |
| 四七 | ブリタニア遠征の総司令官プラウティウス、ローマに帰任、略式の凱旋式を挙行<br>元執政官のヴァレリウス・アジアティクス、メッサリーナの誣告により自死 | | |
| 四八 | クラウディウス、国勢調査を実施。ローマ市民権所有者数は約五百九十八万人<br>クラウディウス、「世紀祝祭」を挙行<br>メッサリーナ、重婚の罪を犯し、クラウディウスの秘書官ナルキッソスの命により殺害さる | | |
| 四九 | クラウディウス、姪にあたるアグリッピーナ（カリグラの妹）と四度目の結婚<br>アグリッピーナ、姦通罪に問われてコルシカ島に流刑になっていた哲 | | |

| 年代 | ローマ帝国 本国 | ローマ帝国 西方属州 | ローマ帝国 東方属州 | その他の世界 |
| --- | --- | --- | --- | --- |
| | 学者セネカを、息子ドミティウス・エノバルブス（のちの皇帝ネロ）の家庭教師にするためローマに呼び戻す。また、武術の指南役にはのちに近衛軍団長官となるブルスを配す | | | |
| 五〇 | アグリッピーナ、息子ドミティウスをクラウディウスの養子に。これ以後、ドミティウスの名はネロ・クラウディウスに | | クラウディウス、アグリッパ二世をユダヤの王位に就かせ、ローマはイェルサレムと周辺などを直轄する分割統治を行う | |
| 五一 | アグリッピーナ、ネロに十四歳で成人式を挙げさせる<br>この年、天候不順で小麦の備蓄が逼迫 | | ヴォロゲセス、パルティア王に即位 | この頃、ガンダーラ美術生まれる |
| 五二 | カリグラ時代に着工した二本の水道が完成、「クラウディウス水道」と名づけられる | | パルティア、アルメニアに進攻、ローマの動きを見て軍を引く | |

| | | | | |
|---|---|---|---|---|
| 五三 | ネロ、クラウディウスの娘オクタヴィアと結婚、元老院での初めての演説も行う | | | |
| 五四 | 十月十三日、クラウディウス死去、六十三歳（アグリッピーナによる毒殺説）<br>**同日、ネロ、近衛軍団から「インペラトール！」の呼びかけを受ける。元老院もネロへの全権付与を決議、ネロ、第五代皇帝に。十六歳** | | パルティア、アルメニアに進攻、占領し、ヴォロゲセスの弟ティリダテスを王位に就ける<br>ローマはグネウス・ドミティウス・コルブロを総司令官として派遣することを決定 | |
| 五五 | ネロの母アグリッピーナに対する反抗はじまる<br>ネロ、アグリッピーナによる擁立を恐れてクラウディウスの遺子ブリタニクスを殺害 | | 春、コルブロ、カッパドキアおよびガラティアの属州総督として着任、シリア属州総督クワドラートゥスと二個軍団ずつ率いることに | |
| 五七 | ネロ、元老院属州と皇帝属州をあわせて国庫を一本化 | | この年から翌年にかけての冬、コルブロは小アジア東端の山岳地帯で軍団の猛訓練を行う | （日本）倭奴国が後漢の光武帝に朝貢、金印を授けられる |
| 五八 | ネロは元老院から「終身執政官」を | | 五月、コルブロ行動を開始 | |

| 年代 | ローマ帝国 本国 | ローマ帝国 西方属州 | ローマ帝国 東方属州 | その他の世界 |
| --- | --- | --- | --- | --- |
| | 贈られるが受けず<br>ネロ、間接税全廃を提案するも、元老院の反対にあい、妥協案に落ち着く | | し、軍勢をアルメニア領内に進める<br>コルブロ、パルティア側にネロに対してティリダテスのアルメニア王即位を願うよう提案するも実を結ばず<br>ローマ軍、アルメニアの首都アルタクサタに無血入城を果たし、パルティア側を駆逐 | |
| 五九 | 三月二十一日、ネロ、母アグリッピーナを殺害 | | 春、ローマ軍はアルタクサタに火を放ち、アルメニア第二の首都ティグラノケルタに向かう。ティグラノケルタも無血開城、ネロはティグラネスをアルメニア王位に就ける | |
| 六〇 | 五年ごとに開く競技会「ネロ祭」の第一回を挙行、盛況のうちに終わ | | | |

| | | | | |
|---|---|---|---|---|
| | る | | | |
| 六一 | アルメニア問題が再燃し、シリア属州総督となっていたコルブロから、アルメニア戦線のみを担当する司令官派遣を求める進言が届く。ネロはペトゥスを任命 | ブリタニア人、反ローマで総決起、ローマの一個軍団を壊滅させさらに七万人を惨殺<br>アングルシー島遠征から戻ったブリタニア属州総督スヴェトニウス、一万の兵を率いてブリタニア人と会戦、勝利を収める | | |
| 六二 | 近衛軍団長官ブルス病死<br>セネカ引退<br>ネロ、妻のオクタヴィアを離婚し、ポッペア・サビーナと結婚。さらにオクタヴィアを流刑に処したうえ殺害 | | ペトゥス、アルメニア戦線着任、三個軍団を率いる。コルブロは同じく三個軍団でシリア属州総督の任務に専念<br>ペトゥスの軍勢、パルティア軍に攻囲され降伏、アルメニア領内からのローマ軍の完全撤退を受諾させられる<br>パルティア王ヴォロゲセス、コルブロに使節を送り、ユーフラテス河東岸にコルブロが築かせた要 | |

| 年代 | ローマ帝国 本国 | ローマ帝国 西方属州 | ローマ帝国 東方属州 | その他の世界 |
| --- | --- | --- | --- | --- |
| | | | 塞の撤去と、橋の破壊を要求。コルブロは交換条件として、アルメニアからのパルティア軍の完全撤退を要求、パルティア側受諾 | |
| 六三 | ローマに派遣されたパルティア王特使、ネロに親書を渡す。ローマ側は講和を拒絶し、戦争に備えてコルブロに最高指揮権を与える<br>南イタリアのポンペイで地震発生<br>ネロがマルス広場に建てさせていた「体育館」、落雷のため炎上 | | コルブロ、五万の兵を率いてアルメニアに入り、パルティア側の城塞を次々と攻略<br>パルティア側は講和を求め、コルブロの回答に沿って、ローマとの平和条約締結の受諾と一時休戦をローマ側に伝える<br>コルブロとパルティア王の弟ティリダテス、直接会談。ティリダテスはアルメニアの王冠を受けるためローマに出向くことを受諾 | |

| | | | | |
|---|---|---|---|---|
| 六四 | ネロ、「ドムス・トランジトリア」着工<br>ネロ、ナポリの野外劇場で歌手デビュー<br>七月十八日夜、大競技場の観客席下の店から出火、九日間にわたって燃え、ローマの広範囲を焼く大火となる。ネロは消火活動、被災者救済、火災後の再建の陣頭指揮をとる<br>ネロ、火災後の再建と都心部の大改造の財源確保を兼ねて、八十七年ぶりの通貨改革を実施<br>ネロ、「ドムス・アウレア」建設で人々の反感を買う<br>ネロ、放火罪、「人類全体への憎悪の罪」などでキリスト教徒を逮捕、処刑するも、「ネロが放火を命じた」という噂は消えず | | ティリダテス、ローマへ向け出発 | |
| 六五 | 春、二度目の「五年祭」（ネロ祭）でネロ熱唱<br>年末、二十〜三十人が加わりネロの暗殺を謀った「ピソの陰謀」発覚、ピソ、ラテラヌスら加担者は、ひ | | | |

| 年代 | ローマ帝国 本国 | ローマ帝国 西方属州 | ローマ帝国 東方属州 | その他の世界 |
| --- | --- | --- | --- | --- |
| | とりを除き自死もしくは処刑、加担を疑われたセネカも自死<br>ネロの妻ポッペア死去<br>ティリダテス、イタリアに到着、フォロ・ロマーノでネロの手からアルメニアの王冠を戴冠。このあと、ローマとパルティアの間では、半世紀におよぶ平和の時代が続く | | | |
| 六六 | コルブロの女婿ヴィニチアヌスをリーダーとする青年将校たちが、ネロを殺しコルブロを帝位に就けようとした「ベネヴェントの陰謀」発覚。青年将校は全員処刑<br>ネロ、歌手としての腕試しのためギリシア旅行へ出発 | | ユダヤで反乱勃発、ネロはヴェスパシアヌスに全権を与え、事態に対処させる | |
| 六七 | | ネロ、ギリシアにコルブロと高地・低地それぞれのゲルマニア軍団司令官の計三名を呼び自死を命ずる | | |

| | | | | |
|---|---|---|---|---|
| 六八 | 一月、ネロ、ギリシアからイタリアへ帰還、「凱旋式」を挙行<br>元老院、スペインで決起したガルバを「国家の敵」とすることを可決<br>ローマ市民、「食」の保証に対する不備をきっかけに、反ネロで立ち上がる<br>元老院、ネロを「国家の敵」とする宣告を可決<br>近衛軍団、ガルバを「皇帝（インペラトール）」に推挙すると決定<br>六月九日、ネロ、ローマ郊外の隠れ家で自死 | ガリアのリヨン属州総督のヴィンデックス、十万人を率いて反ネロで蜂起するも、ルフス率いる高地ゲルマニア軍団に鎮圧される<br>四月二日、ヴィンデックスに決起を呼びかけられたスペインの属州（ヒスパニア・タラコネンシス）総督ガルバ、反ネロを宣言、オトー（属州ルジタニア）とカエキーナ（属州ベティカ）という他のスペイン属州のトップ二人も、ガルバ支持を表明。ガルバ、新たに一個軍団を編成 | | （中国）白馬寺を建立、西域から仏典招来 |

# 参考文献


《原資料》(翻訳が入手可能なものは、読者の便宜のために記載した)

タキトゥス（Tacitus, Publius Cornelius）全著作

『年代記　上・下』國原吉之助訳：岩波文庫：1981

『ゲルマニア　アグリコラ』國原吉之助訳：ちくま学芸文庫：1996

『同時代史』國原吉之助訳：筑摩書房：1996

スヴェトニウス（Svetonius Tranquillus, Gaius）

『De vita Caesarum』『De viris illustribus』

『ローマ皇帝伝　上・下』國原吉之助訳：岩波文庫：1986

カシウス・ディオ（Cassius Dio）『Romaika』

セネカ（Seneca, Lucius Annaeus）全著作

『人生の短さについて　他二篇』茂手木元蔵訳：岩波文庫：1980

『怒りについて　他一篇』茂手木元蔵訳：岩波文庫：1980

『道徳書簡集　倫理の手紙集』茂手木元蔵訳：東海大学出版会：1992

『自然研究　自然現象と道徳生活』茂手木元蔵訳：東海大学出版会：1993

『悲劇集１　西洋古典叢書　第Ｉ期２』大西英文・小川正廣他訳：京都大学学術出版会：1997

『悲劇集２　西洋古典叢書　第Ｉ期４』大西英文・木村健治他訳：京都大学学術出版会：1997

大プリニウス（Plinius Secundus, Gaius）『Naturalis Historia』

『プリニウス博物誌』大槻真一郎編：八坂書房：1994

フィロン（Philon）『Legatio ad Gaium』

『フラックスへの反論／ガイウスへの使節　西洋古典叢書　第Ⅱ期５』秦剛平訳：京都大学学術出版会：2000

プルタルコス（Plutarchus）『Vitae Parallelae』『Moralia』

『プルターク英雄伝 全12巻』河野与一訳：岩波文庫：1952-6
『プルタルコス英雄伝 上・中・下』村川堅太郎編：ちくま学芸文庫：1996
『モラリア13 西洋古典叢書 第Ⅰ期６』戸塚七郎訳：京都大学学術出版会：1997
『モラリア14 西洋古典叢書 第Ⅰ期１』戸塚七郎訳：京都大学学術出版会：1997
『モラリア６ 西洋古典叢書 第Ⅱ期３』戸塚七郎訳：京都大学学術出版会：2000
『モラリア２ 西洋古典叢書 第Ⅱ期16』瀬口昌久訳：京都大学学術出版会：2001
『モラリア11 西洋古典叢書 第Ⅲ期４』三浦要訳：京都大学学術出版会：2004

《後世に書かれた歴史書・研究書》

ALEXANDER, W.H., *The Communiqué to the Senate on Agrippina's Death*, 1954.
ANDERSON, J.G.C., *Trajan on the Quinquennium Neronis,* 《Journal of Roman Studies（JRS）》1, 1911.
ATKINSON, D., *The governors of Britain from Claudius to Diocletian,* 《JRS》12, 1922.
AUGUET, R., *Caligula ou le pouvoir à vingt ans*, Paris, 1984.
BAKER, G.P., *Tiberius Caesar,* London, 1929.
BALDWIN, B., *Nero and His Mother's Corpse,* 《Mnemosyne》, 1979.
BALLAND, A., *Nova Urbs and "Neapolis,"* 《Mélanges d'archéologie et d'histoire de l'École Française de Rome》, 1965.
BALSDON, J.P.V.D., *The Emperor Gaius,* Oxford, 1934; *Roman Women,* London, 1962; *The Romans,* London, 1965; *Romans and Aliens,* London, 1979.
BARBAGALLO, C., *La catastrofe di Nerone,* Catania, 1915.
BARDON, H., *Les empereurs et les lettres latines d'Auguste à Hadrien,* Paris, 1940.
BEAUJEU, J., *L'incendie de Rome et les Chrétiens,* 1960.

BELL, I.H., *Jews and Christians in Egypt*, 1924.

BÉRANGER, J., *Recherches sur l'aspect idéologique du principat*, Basel, 1953.

BIANCHI BANDINELLI, R., *Roma. L'arte romana nel centro del potere*, Milano, 1969.

BOETHIUS, A., *The Neronian "nova urbs,"* 《Corolla Archaeologica》, Lund, 1932; *The Golden House of Nero*, 1960.

BONACASA, N., *Arte Romana: Scultura*, Roma, 1979.

BONNER, S.F., *Education in ancient Rome*, London, 1977.

BORCH, H.C., *Roman Society: A Social, Economic and Cultural History*, Lexington, Mass., 1977.

*British Museum Guide to Antiquities of Roman Britain*, London, 1922.

BRUNT, P.A., *Stoicism and Principate*, 《Papers of the British School at Rome》, 1975; *The revolt of Vindex and the fall of Nero*, 《Latomus》, 1978.

CARCOPINO, J., *Ostie*, Paris, 1929; *La Table Claudienne de Lyon*, 1930; *La vie quotidienne à Rome a l'apogée de l'empire*, Paris, 1939; *Aspects mystiques de la Rome païenne*, Paris, 1941.

CARSON, R.A.G., *Coins of Greece and Rome*, London, 1970; *Principal Coins of the Romans I-III*, London, 1978-81.

CARY, M. & SCULLARD, H.H., *A History of Rome*, London, 1975.

CASSON, L., *Travel in the Ancient World*, London, 1974.

CHARLESWORTH, M.P., *Pietas and Victoria, the Emperor and the Citizens*, 《JRS》, 1929; *The Virtues of a Roman Emperor: Propaganda and the Creation of Belief*, London, 1937; *Documents illustrating the reigns of Claudius and Nero*, Cambridge, 1939; *Nero, some aspects*, 《JRS》, 1950.

CIACERI, E., *Le vittime del despotismo in Roma nel I secolo dell'impero*, Catania, 1898; *La congiura pisoniana contro Nerone*, 《Processi politici e relazioni internazionali (PPRI)》, Roma, 1918; *Claudio e Nerone nelle storie di Plinio*, 《PPRI》, Roma, 1918; *Nerone matricida*, 1941-42; *Tiberio successore di Augusto*, Roma, 1944.

CLARKE, M.L., *The Roman Mind*, London, 1956.

CLEMENTE, G., *Guida alla storia romana*, Milano, 1978.

COARELLI, F., *Guida archeologica di Roma*, Milano, 1974; *Roma*, Bari-Roma, 1983.

COLLINGWOOD, R.G. & MYRES, J.N.L., *Roman Britain and the English Settlements I* , Oxford, 1937.

COLUMBA, G.M., *L'impero romano,* Milano, 1944.

COWELL, F.R., *Everyday Life in Ancient Rome,* London, 1961.

CUNLIFFE, B., *Storia economica di Roma antica,* Firenze, 1979.

DE FRANCISCI, P., *Arcana Imperii III-1,* Milano, 1948.

DEMOUGIN, S., *L'ordre équestre sous les Julio-Claudiens,* 1988.

DE REGIBUS, L., *Politica e religione da Augusto a Costantino,* Genova, 1953.

EARL, D., *The Moral and Political Tradition of Rome,* London, 1967.

FABBRINI, L., *Domus Aurea,* 《Analecta Romana Instituti Danici》, 1983.

FABIA, Ph., *Sénèque et Néron,* 1910; *La Table Claudienne de Lyon,* Lyon, 1929.

FERGUSON, J., *The Religions of Roman Empire,* London, 1970.

FERRERO, G., *Le donne dei Cesari,* Milano, 1925.

FRANK, T., *The Financial Crisis of 33 A.D., An Economic Survey of Ancient Rome V,* Baltimore, 1940.

GARZETTI, A., *Aerarium e fiscus sotto Augusto,* 1953; *L'impero da Tiberio agli Antonini,* Roma, 1960.

GATTI, C., *Gli "equites" e le riforme di Tiberio,* 1953.

GENTILI, B., *Storia della letteratura latina,* Roma, 1976.

GRANT, M., *Aspects of the Reign of Tiberius,* 1950; *Roman Imperial Money,* London, 1954; *Roman History from Coins,* Cambridge, 1968; *Nero,* 1970; *The Jews and the Roman World,* London, 1973; *History of Rome,* Roma, 1981.

GRIFFIN, M.T., *Seneca, a philosopher in politics,* 1976; *Nero, the end of a dynasty,* 1984.

GRIMAL, P., *La civilisation romaine,* Paris, 1960.

HAMMOND, M., *Corbulo and Nero's Eastern Policy,* 《Harvard Studies in Classical Philology》, 1934.

HARDY, E.G., *Claudius and the Primores Galliae: A Reply and a Restatement,* 1914.

HARRIS, H.A., *Sport in Greece and Rome,* Ithaca, 1972.

HAVERFIELD, F. & MacDONALD, G., *Roman Occupation of Britain,* Oxford, 1924.

HEINZ, K., *Das Bild Kaiser Neros bei Seneca, Tacitus, Sueton und Cassius Dio,* Bern, 1948.

HEMSOLL, D., *The architecture of Nero's Golden House*, in *Architecture and Architectural Sculpture in the Roman Empire* (ed. by HENIG, M.), 1990.

HENDERSON, B.W., *The Chronology of the Wars in Armenia A.D.51-63*, 《Classical Review》 15, 1901.

HEUBNER, H., *P. Cornelius Tacitus. Die Historien. Kommentar*, Heidelberg, 1963-82.

HOPKINS, K., *Conquerors and Slaves*, Cambridge, 1978.

HUMPHREY, J.H., *Roman Circuses. Arenas for Chariot Racing*, London, 1986.

JOLOWICZ, H.F., *Historical Introduction to the Study of Roman Law*, Cambridge, 1972; *The Roman Economy*, Oxford, 1974.

JOSSA, G., *Giudei, pagani e cristiani*, Napoli, 1977.

KENT, J.P.F., *Roman Coins*, London-New York, 1978.

KNOKE, F., *Die Kriegszüge des Germanicus in Deutschland*, Berlin, 1922.

KORNEMANN, E., *Tibère*, Paris, 1962.

LANCIANI, R., *Rovine e scavi di Roma antica* (1897), Roma, 1985.

LAVER, P.G., *The Excavation of a Tumulus at Lexden, Colchester*, 《Archaeologia》 76, 1927.

LE GALL, J., *Le Tibre, fleuve de Rome dans l'aniquité*, Paris, 1953.

LEON, H.J., *Ball Playing at Rome*, 1946.

LEVI, M.A., *Nerone e i suoi tempi*, Milano, 1949; *Il tempo di Augusto*, Firenze, 1951.

LUGLI, G., *Roma antica. Il centro monumentale*, Roma, 1946.

LUTTWAK, E.N., *The Grand Strategy of the Roman Empire*, Baltimora, 1977.

MacDONALD, W.L., *The Architecture of the Roman Empire*, New Haven, 1965.

MAGDELAIN, A., *Auctoritas principis*, Paris, 1947.

MANNI, E., *La leggenda dell'età dell'oro nella politica dei Cesari*, 《Atene e Roma》, 1938.

MARCHESI, C., *Seneca*, Messina, 1920.

MARKUS, R.A., *Christianity in the Roman World*, London, 1974.

MARROU, H.I., *Histoire de l'éducation dans l'Antiquité*, Paris, 1965.

MARSH, F.B., *The Reign of Tiberius*, Oxford, 1931.

MARTINAZZOLI, F., *Seneca, studio sulla morale ellenica nella esperienza romana*, Firenze, 1945.

MATHIEU, H., *Messaline*, Paris, 1961.

MATTINGLY, H., *The Events of the Last Months of Nero, from the Revolt of Vindex to the Accession of Galba*, 1953; *Roman Imperial Civilization*, London, 1957; *Roman Coins*, London, 1960.

McKAY, A.G., *Houses, Villas and Palaces in the Roman World*, Ithaka, 1975.

MEISE, E., *Untersuchungen zur Geschichte der Iulisch-Claudischen Dynastie*, München, 1969.

MOMIGLIANO, A., *Aspetti dell'antisemitismo alessandrino in due opere di Filone*, 1930; *Corbulone e la politica Romana verso i Pari*, 《Atti del II Congresso Nazionale di Studi Romani》, Roma, 1931; *La personalità di Caligola*, 1932; *L'opera dell'imperatore Claudio*, Firenze, 1932; *Literary Chronology of the Neronian Age*, 1944.

NEUMEISTER, C., *Das antike Rom. Ein literarischer Stadtführer*, München, 1991.

NEWBOLD, R.F., *Social and economic consequences of the A.D.64 fire at Rome*, 《Latomus》, 1974.

NONY, D., *Caligula*, Paris, 1986.

OMODEO, A., *Saggi sul Cristianesimo antico*, Napoli, 1958.

PAOLI, U.E., *Vita romana*, Firenze, 1958.

PARKER, H.M.D., *The Roman Legions*, Oxford, 1928.

PASCAL, C., *Seneca*, Catania, 1906; *Nerone nella storia aneddotica e nella leggenda*, Milano, 1923.

PASSERINI, A., *Le coorti pretorie*, Roma, 1939; *Caligola e Claudio*, Roma, 1941; *Per la storia dell'imperatore Tiberio*, Pavia, 1947.

PFLAUM, H.G., *Essai sur les procurateurs équestres sous le haut-empire romain*, Paris, 1950.

PHILIPSBORN, A., *L'abandon des esclaves malades au temps de l'empereur Claude et au temps de Justinien*, 1950.

POLACCO, L., *Il volto di Tiberio. Saggio di critica iconografica*, Roma, 1955.

PROFUMO, A., *Le fonti e i tempi dell'incendio neroniano*, Roma, 1905.

PUCCI BEN ZEEV, M., *Cosa pensavano i Romani degli Ebrei?* 1987.

QUIDDE, L., *Caligula, Eine Studie über römische Cäsarenwahnsinn*, Leipzig, 1894.

RABOSSI, M., *La coniazione di Nerone. La riforma dell'oro e dell'argento*, 1953.

RADICH, V., *Political dissidence under Nero: the price of dissimulation*, 1993.

RAMSAY, W.M., *Historical Geography of Asia Minor*, London, 1890.

REYNOLDS, B.K.P., *The Vigiles of Imperial Rome*, Oxford, 1926.

ROGERS, R.S., *Criminal Trials and Criminal Legislation under Tiberius*, Middletown, Conn., 1935; *Studies in the Reign of Tiberius*, Baltimore, 1943.

ROMANELLI, P., *Storia delle provincie romane dell'Africa*, Roma, 1959.

ROSTOVTZEFF, M., *Storia economica e sociale dell'impero romano*, Firenze, 1965.

Royal Commission on Historical Monuments, *Roman London*, London, 1928.

SCRAMUZZA, V.M., *The Emperor Claudius*, Cambridge, Mass., 1940.

SEAGER, R., *Tiberius*, London, 1972.

SHERWIN-WHITE, A.N., *The Roman Citizenship*, Oxford, 1980.

SILVAGNI, U., *Le donne dei Cesari*, Torino, 1927.

SMALLWOOD, E.M., *Some Notes on the Jews under Tiberius*, 1956; *Documents Illustrating the Principates of Gaius, Claudius and Nero*, Cambridge, 1967; *The Jews under Roman Rule from Pompey to Diocletian*, Leiden, 1976.

SORDI, M., *I primi rapporti fra lo stato romano e il Cristianesimo, e l'origine delle persecuzioni*, 1957.

SUTHERLAND, C.H.V., *Two "Virtues" of Tiberius, a Numismatic Contribution to the History of his Reign*, 1938; *Aerarium and Fiscus during the Early Empire*, 1945; *Coinage in Roman Imperial Policy, 31 B.C.-A.D.68*, London, 1951; *Roman Coins*, London, 1974; *The Roman Imperial Coinage 1, 31 B.C.-A.D.69*, London, 1984.

SYDENHAM, E.A., *The Coinage of Nero*, London, 1920.

SYME, R., *The Roman Revolution*, Oxford, 1952; *Tacitus*, Oxford, 1958; *Roman Papers*, Oxford, 1977; *Domitius Corbulo, Roman Papers II*, 1979.

THORNTON, M.K., *The enigma of Nero's Quinquennium*, 《Historia》, 1973.

TIBILETTI, G., *Principe e magistrati repubblicani*, Roma, 1953.

VAN BERCHEM, D., *Les distributions de blé et d'argent a la plèbe romaine sous l'empire*, Genève, 1939.

VAN OOTEGHEM, J., *Les incendies à Rome*, 1960.

VEYNE, P., *Le Pain et le Cirque: sociologie historique d'un pluralisme politique*, Paris, 1976.

WARMINGTON, B.H., *Nero, reality and legend*, 1929.

WATSON, G., *The Roman Soldier*, London, 1969.

WEBER, C.W., *Panem et Circenses. Massenunterhaltung als Politik im antiken Rom*,

Düsseldorf-Wien, 1983.
WHEELER, R.E.M., *London in Roman Times*, London, 1930.
WILLRICH, H., *Caligula*, 《Klio》 3, 1903.
WIRSZUBSKI, Ch., *Libertas as a Political Idea at Rome during the Late Republic and Early Principate*, Cambridge, 1950.
YAVETZ, Z,. *Plebs and Princeps*, 1969.

# 図版出典一覧

| | |
|---|---|
| カバー | 大英博物館(ロンドン／イギリス)<br>© The Trustee of the British Museum |
| p. 10 | カバーに同じ |
| p. 15 | カピトリーノ博物館(ローマ／イタリア)<br>© Araldo de Luca/CORBIS |
| p. 19 | 大英博物館　© The Trustee of the British Museum |
| p. 25 | カピトリーノ博物館　撮影：桜井紳二 |
| p. 36 | 大英博物館　© The Trustee of the British Museum |
| p. 38 | モンテマルティーニ博物館(ローマ／イタリア)<br>© Sovraintendenza ai Beni Culturali del Comune di Roma |
| p. 67 | モンテマルティーニ博物館<br>© Sovraintendenza ai Beni Culturali del Comune di Roma |
| p. 78 | ローマ国立博物館マッシモ宮(ローマ／イタリア)<br>撮影：桜井紳二 |
| p. 91 | 大英博物館　© The Trustee of the British Museum |
| p. 146 | ローマ文明博物館(ローマ／イタリア)<br>Maria Paola Guidobaldi, "Vita e Costumi dei Romani Antichi, vol.13," Edizioni Quasar より |
| p. 195 | ローマ国立博物館アルテンプス宮(ローマ／イタリア)<br>撮影：桜井紳二 |
| p. 222 | ローマ国立博物館マッシモ宮<br>© Archivi Alinari, Firenze |

地図作製：綜合精図研究所(p. 64、p. 153、p. 193、p. 205、p. 210)

この作品は一九九八年（平成十年）九月新潮社より刊行された。

塩野七生著
# 愛の年代記

欲望、権謀のうず巻くイタリアの中世末期からルネサンスにかけて、激しく美しく恋に身をこがした女たちの華麗なる愛の物語9編。

塩野七生著
# チェーザレ・ボルジア あるいは優雅なる冷酷
毎日出版文化賞受賞

ルネサンス期、初めてイタリア統一の野望をいだいた一人の若者――〈毒を盛る男〉としてその名を歴史に残した男の栄光と悲劇。

塩野七生著
# コンスタンティノープルの陥落

一千年余りもの間独自の文化を誇った古都も、トルコ軍の攻撃の前についに最期の時を迎えた――。甘美でスリリングな歴史絵巻。

塩野七生著
# ロードス島攻防記

一五二二年、トルコ帝国は遂に「喉元のトゲ」ロードス島の攻略を開始した。島を守る騎士団との壮烈な攻防戦を描く歴史絵巻第二弾。

塩野七生著
# レパントの海戦

一五七一年、無敵トルコは西欧連合艦隊の前に、ついに破れた。文明の交代期に生きた男たちを壮大に描いた三部作、ここに完結！

塩野七生著
# マキアヴェッリ語録

浅薄な倫理や道徳を排し、現実の社会のみを直視した中世イタリアの思想家・マキアヴェッリ。その真髄を一冊にまとめた箴言集。

塩野七生著　サイレント・マイノリティ

「声なき少数派」の代表として、皮相で浅薄な価値観に捉われることなく、「多数派」の安直な〝正義〟を排し、その真髄と美学を綴る。

塩野七生著　イタリア遺聞

生身の人間が作り出した地中海世界の歴史。そこにまつわるエピソードを、著者一流のエスプリを交えて読み解いた好エッセイ。

塩野七生著　イタリアからの手紙

ここ、イタリアの風光は飽くまで美しく、その歴史はとりわけ奥深く、人間は複雑微妙だ。——人生の豊かな味わいに誘う24のエセー。

塩野七生著　人びとのかたち

銀幕は人生の奥深さを多様に映し出す万華鏡。数多の現実、事実と真実を映画に教えられた。だから語ろう、私の愛する映画たちのことを。

塩野七生著　サロメの乳母の話

オデュッセウス、サロメ、キリスト、ネロ、カリグラ、ダンテの裏の顔は？「ローマ人の物語」の作者が想像力豊かに描く傑作短編集。

井上靖著　蒼き狼

全蒙古を統一し、ヨーロッパへの大遠征をも企てたアジアの英雄チンギスカン。闘争に明け暮れた彼のあくなき征服欲の秘密を探る。

高橋健二編訳
# ゲーテ格言集
偉大な文豪であり、人間的な魅力にもあふれるゲーテ。深い知性と愛情に裏付けられた言葉の宝庫から親しみやすい警句、格言を収集。

シュリーマン
関　楠生訳
# 古代への情熱
―シュリーマン自伝―
トロイア戦争は実際あったに違いない――少年時代の夢と信念を貫き、ホメーロスの事跡を次々に発掘するシュリーマンの波瀾の生涯。

ソポクレス
福田恆存訳
# オイディプス王・アンティゴネ
知らずに父を殺し、母を妻とし、ついには自ら両眼をえぐり放浪する――ギリシア悲劇の最高傑作「オイディプス王」とその姉妹編。

プラトーン
田中美知太郎
池田美恵訳
# ソークラテースの弁明・クリトーン・パイドーン
不敬の罪を負って法廷に立つ師の弁明「ソークラテースの弁明」。脱獄の勧めを退けて国法に従う師を描く「クリトーン」など三名著。

プラトーン
森　進一訳
# 饗　宴
酒席の仲間たちが愛の神エロースを讃美する即興演説を行い、肉体的愛から、美のイデアの愛を謳う……。プラトーン対話の最高傑作。

ニーチェ
竹山道雄訳
# ツァラトストラかく語りき
（上・下）
ついに神は死んだ――ツァラトストラが超人へと高まりゆく内的過程を追いながら、永劫回帰の思想を語った律動感にあふれる名著。

# 新潮文庫最新刊

星　新一著
**天国からの道**
単行本未収録作品を集めた没後の作品集を再編集。デビュー前の処女作「狐のためいき」、1001編到達後の「担当員」など21編を収録。

星　新一著
**ふしぎな夢**
『ブランコのむこうで』の次にはこれを読みましょう！　同じような味わいのショートショート「ふしぎな夢」など初期の11編を収録。

最相葉月著
**あのころの未来**
—星新一の預言—
人類と科学の関係を問う星作品を読み解き、立ち止まって考える、科学と僕らのこれから。星新一の思想を知り想いを伝えるエッセイ。

平野啓一郎著
**葬送**
第二部（上・下）
二月革命が勃発した。七月王政の終焉、共和国の誕生。不安におののく貴族、活気づく民衆。時代の大きなうねりを描く雄編第二部。

藤田宜永著
**転々**
「百万円払うから一緒に散歩しろ」謎の男に誘われて東京の街を歩く青年。道中の出来事が彼の運命を変える。傑作ロード・ノヴェル。

ヒキタクニオ著
**鳶がクルリと**
鳶って何なの？　ビジネスの世界から一癖ある鳶職人の集団へ迷い込んだ若き女性——。鳶達の心意気に気分も爽快、日本晴れだ！

ローマ人《じん》の物語《ものがたり》20
# 悪《あく》名《めい》高《たか》き皇《こう》帝《てい》たち［四］

新潮文庫　し - 12 - 70

平成十七年九月一日発行

著　者　塩《しお》野《の》七《なな》生《み》

発行者　佐藤隆信

発行所　株式会社　新潮社

郵便番号　一六二—八七一一
東京都新宿区矢来町七一
電話　編集部(〇三)三二六六—五六一一
　　　読者係(〇三)三二六六—五一一一
http://www.shinchosha.co.jp

価格はカバーに表示してあります。

乱丁・落丁本は、ご面倒ですが小社読者係宛ご送付ください。送料小社負担にてお取替えいたします。

印刷・錦明印刷株式会社　製本・錦明印刷株式会社


ISBN4-10-118170-5 C0122